箱波均控盘战法

吕佳霖 著

图书在版编目（CIP）数据

箱波均控盘战法/吕佳霖著．—北京：地震出版社，2016.6

ISBN 978-7-5028-4716-6

Ⅰ.①箱… Ⅱ.①吕… Ⅲ.①股票交易－基本知识 Ⅳ.①F830.91

中国版本图书馆 CIP 数据核字（2016）第 068970 号

地震版　XM3679

著作权合同登记　图字：01-2016-0335
ⓒ繁体字原版作者：吕佳霖
高宝书版集团

箱波均控盘战法

吕佳霖　著
责任编辑：薛广盈　吴桂洪
责任校对：凌　樱

出版发行：**地震出版社**
北京市海淀区民族大学南路 9 号　　　邮编：100081
发行部：68423031　68467993　　　　传真：88421706
门市部：68467991　　　　　　　　　　传真：68467991
总编室：68462709　68423029　　　　　传真：68455221
证券图书事业部：68426052　68470332
http://www.dzpress.com.cn
E-mail: zqbj68426052@163.com

经销：全国各地新华书店
印刷：廊坊市华北石油华星印务有限公司

版（印）次：2016 年 6 月第一版　2016 年 6 月第一次印刷
开本：787×1092　1/16
字数：164 千字
印张：10
印数：0001～5000
书号：ISBN 978-7-5028-4716-6/F（5412）
定价：32.00 元

版权所有　翻印必究
（图书出现印装问题，本社负责调换）

目 录

推荐序一　理财之道在于跟着专家照着做 …………… (1)
推荐序二　股海浮沉，谁与争锋 ………………………… (3)
作者序 ………………………………………………………… (5)
导读 …………………………………………………………… (7)

第一章　超越传统技术分析的终极圣杯 ……………… (1)
第二章　箱波均理论基础的建立 ………………………… (27)
第三章　ETF实战范例（箱波均征战上证指数）…… (48)
第四章　按图索骥积财富之箱波均SOP战法 ………… (63)
第五章　揭露不疾而速的赢家获利方程式 …………… (98)
第六章　箱波均之一招锁喉擒主升 ……………………… (107)

箱波均之均线级数观念 ……………………………………… (142)
附录　多空循环与买卖心法 ……………………………… (143)

推荐序一
理财之道在于跟着专家照着做

在商场与财经媒体市场的资历将近40年,大家经常都会问我一个问题:"有没有一个一劳永逸的理财方法?理财有什么诀窍吗?"答案很简单,就是跟专家、赢家、跟有钱人站在一起,他们做什么你就跟着做什么,跟着照做就可以了,理财是没有门槛的!

简单来说就是复制别人的成功模式,如果真的还不知道怎么做?就直接买本《理财周刊》吧,跟着里头的财经专家、分析师学投资理财,从股票、期货、选择权、国内外房地产、保险、基金通通都有。在股票市场中亦是如此。赢家与输家也有循环,跟着赢家一起做就是正循环,学会赢家的方法自然会成为赢家,就算无法彻底学成,至少总会拉近与赢家的距离吧。

若有套操盘方法学会可以一劳永逸,一次就学会并能看懂全世界的所有商品的价格趋势动向,也适用于股汇市、期货、债券、基金等金融产品,只要有收盘价的连线就可以操作该品种,那么你要不要跟着这个赢家来学?相信佳霖的这本《箱波均控盘战法》不会让各位朋友失望。

吕佳霖说的好,股市是一个很好检验自己是否能战胜自己贪、嗔、痴、慢、疑的地方,战胜了就迈向赢家之路,失败了就容易沉沦下去,投资人务必要提高警觉,小心应对。任何投资操作的成功条件,皆以遵守纪律为第一,要完全依照信号行事,该进则进、该出则出,该停损则停损,绝不加入自己的想象与固执,选定一套符合大赚小赔的交易系统,剩下的就应该只是听话照做,不该存有主观的偏执。

毕竟系统的操作机制都是经过深思熟虑及无数的验证而得到的理论,佳霖经过多年实战经验所观察出股价的多空循环的惯性,而记录下来形成"箱波均控盘系统"的确有用,书中已用大量走势图来做验证,胜率自然无庸置疑,当知道方法之后，剩下的就只是依照纪律去操作了。

　　理财之道真的不难，找到对的人、对的方法、对的公司、对的刊物，你就能走向对的道路。致富关键就在理财，而理财之道就在跟着专家照着做。

理周集团总裁　洪宝山

推荐序二
股海浮沉，谁与争锋

茫茫股海中，投资者渺小到像海洋中的一个泡沫一样微不足道。潮起潮落间，很容易使人迷失自我，消磨沉沦。我和大家一样，也属于这微不足道中的一分子。然得恩师器重，为其新书作序，自觉才疏学浅，惴惴不安。此也足见恩师胸襟似海。

投资者经历了最初的时间浪费和金钱亏损后，志弱者便得出"股市都是骗人把戏"的结论，从此与股市绝缘。志坚者，痛定思痛，重振士气，再入书局，老老实实地找到一些流传百年的经典投资书籍，如《K线战法》《波浪理论》《形态学》《回忆录》《战胜华尔街》……，作者也都是大名鼎鼎，如雷贯耳。又是几年的闭门研读，潜心研究。各种名词、理念、形态、组合、原则、方法、信号、纪律……记得脑子要爆炸。自以为天道酬勤，付出终有收获。进入实盘操作才发现这些组合、形态、信号……在操作的当下适合多空双方解释，只有等到后面走势清晰了，才能确定之前的信号是何用意。可为时已晚，不是错过了最佳进场时机，价格已飙涨大段，惶恐不敢再追，望"牛"兴叹，便是进场后遭遇逆"势"破位，匆匆止损出局，惊魂未定间，股价又突然急拉，心痛不已。此时便开始怀疑自己的运气怎么这么差，总是做出与后市相反的理解。实不知此是理论本身存有的盲点所致，与运气何干？

恩师的《箱波均控盘战法》理论可谓是投资理财技术分析方法发展史上的一次伟大突破，后人将证明该理论将和K线、波浪、均线、葛兰碧法则等经典理论齐名，甚至会有所超越。此理论最大的价值在于破解了以上理论的迷思和盲点，于当下便可清晰无误分析出某层级趋势力道的延续、暂歇、阻断、逆转、收复、扩大。没有模棱两可的解读，只有当下清晰无误的操作。此理论最大的特点在于把握当下，当下即是，没有预期，没有规划，没有执著。抛弃了一切形式与预期，只关注当下力道博弈与攻守转换，无招无示、无羁无绊、电光石火、瞬息而击、可大可小、收放自如、物我两忘、如雨化田，为投资理财操作最高境界！恩师能不藏私地把自己十多年积淀萃取升华而来的理论精华公诸于世，实在是投资者的幸事，实在是为华人争光。

《箱波均控盘战法》理论以独特视角，用"箱体"来分析力道消长转换。此箱体非同与以往的"箱体理论"，而属于几乎完全不同的逻辑分析体系。若读者感觉该理论过于简单易学，进而怀疑该理论价值，那实在是读者不解"大道至简、大象无形、大巧不工、重剑无锋"的道理！此外恩师是修佛之人，常以佛法度化我这等愚钝之人，使我受益匪浅，借此向恩师表达感恩之情。得缘恩师点化是弟子修来的最大福报。

以上句句肺腑，不敢妄语，望有福报之人，得缘悟道！

磨镜人

作者序

所谓：一元复始万象更新，任何事物都是由一而生，此为一生万法的道理。收盘价是多空交战最后的战果，利用收盘价的连线（也就是1均线＝MA1）所形成的向上波动与向下波动来研判股价涨跌盘的方向是最恰当和适宜的，股价出现向上波动的上涨的次箱为多头趋势动力的关键处，没有收破前上涨趋势动力依旧。股价出现向下波动的下跌的次箱为空头趋势动力的关键处，没有收过前下跌趋势动力依旧。

由于收盘价的连线是全世界各国任何商品都会显示出来的线型，诸如原油、基金、债券等都是以收盘价为投资报告居多，很多报告不会附上K线图甚至也没有KD指标可看，因此学会箱波均控盘战法就能一劳永逸，一次就学会看懂全世界所有商品的价格趋势动向。当读者把箱波均的基础理论建立之后，最重要的就是如何使用这些理论去实战，因此特地精心设计把理论转化成实战的招式，读者只要背诵简单的口诀，了解其使用的定义之后就能开始实战，本书从最简单写到实战整合运用，利用缺口操作法与次箱操作法，就能一招锁喉擒主升了。

当读者了解箱波均的基础理论，也进一步知道如何把理论转化成实战的招式之后，就是建立坚定的信心，超越传统技术分析的终极圣杯，破解技术分析的盲点与迷思，最后印证主力控盘的手法就在箱波均控盘战法里面。

当我们知道简单的趋势操作之后，最重要的是如何心平气和的稳定下单，《金刚经》上告诉我们"一切法得成于忍"，想要有所成就，没有耐心是不能成功。有耐心的持续做对的事情就是操作纪律，要懂得克服自己的烦恼，克服自己的欲望，凡是有这些事情冲动引发起来，自己要马上想到后果，若是投资无法克服贪嗔痴慢，结果就是赔钱居多。打个比方，在最近赢钱之后就开始骄傲起来，心想赚钱这么简单，对市场开始松懈，开始不遵守纪律的下单，最后把之前赚的赔回去的例子颇多。因此"息灭贪嗔癡，勤修戒定慧"是赢家都会遵守的心法，这心法是教育，输家被教育之后，是一定可以成为赢家的。

最后勉励各位：愿无虚发，功不唐捐。愿越大福越大，大愿就是大我，当您舍得为人，您自然就会得到更多。若只是为自己那只是小我！所谓信愿行三合一才能成为赢家：信就是找到一套自己验证后相信的方法，也相信自己可以学会这一套操盘的方法。愿就是期许自己可以依照这套方法达到赚多赔少的目标。行就是随缘尽份依照信号所学的去实践之，随缘就是不预设立场，该砍就砍，该抱就抱就是尽份。若只会下单不会思考，就如没有学正确的方法，盲目操作，操作就会很辛苦。若只会思考不敢下单，那也无法实现我们的梦想。只有知行合一（信愿行三合一），那就是圆满的。

功不唐捐就是："努力下功夫，这种功夫绝对不会白白的浪费掉，也就是一份耕耘，一份收获的意思。"成功的人因为有梦想，并且不断努力，终于达成目标，正可说是"人生有梦，筑梦踏实。"我相信只要有理想，并且尽力去实现，美好人生是可以预见的。

以上就是愿无虚发，功不唐捐的分享，最后祝福各位心想事成，荷包满满，幸福满满。

导　读

我们常听到：凡走过必留痕迹，种什么因，得什么果，前世累积的福田厚实，今生就财富旺旺来，前世累积的福田薄弱，今生就得辛苦与辛劳。所谓：事出必有因，我们可以借由前车之鉴，来推演后面可能的结果。在技术线图也是如此，凡走过必留痕迹，图形中的上涨次箱或下跌次箱（痕迹）就是转浪或逆转浪的关键处，也是支撑带与压力带之观察处。由兴到衰，或者否极泰来都有其多空循环的道理，股价就如偈言所说的"箱波均"不断的循环不已，若能以一贯之，制心一处，必能无事不办。

在股市的波动之中不外乎就是多头、空头、盘整这三种走势，多头走势的惯性为"过而不破"；空头走势的惯性为"破而不过"；盘整走势的惯性为"不过＋不破"或者"又过＋又破"，因此只要抓住多空盘三种惯性各是哪两个步骤，即可轻松分辨出盘势来！

当收盘价的连线出现上涨→回档→转浪续上，形成N字上涨，此时可以找到上涨回档箱，再次回档＋转浪续上，形成向上波动，此时可以找到次高回档箱，当股价不断的回档＋转浪续上，次高回档箱不断的往上移动停利。向上波动何时结束，我们是利用次高回档箱底作为向上波动阻断与否的依据。

在股价上涨过程中，会出现止涨缺口的修正波动，只要次高回档箱底没有收破前，向上波动的力道是持续的，若次高回档箱底被收破，则有两种状况：第一，能够再次收复次高回档箱顶，则重回多头，前面的修正就称为中继再涨；第二，若跌破次高回档箱，反弹收不过次高回档箱底，则出现逆转浪而下的走势，此时就称为做头阶段。

当收盘价连线出现上涨→回档→转浪续上→回档→转浪续上，收破次高回档箱底，反弹收不过次高回档箱顶，此时出现止涨缺口的卖出信号，后面再转浪而下，就形成下跌反弹转浪续下的倒 N 下跌，若后面反弹之后又持续转浪而下，就形成向下波动，此时次低反弹箱顶往下移动防守，当次低反弹箱顶没有收过前，下跌走势的向下波动就没有被阻断过。

　　直到有一天，次低反弹箱顶收过，回测不破次低反弹箱底，此时出现止跌缺口的买进信号，后面再转浪而上，又回到前述的上涨 N 字，因此股价多空循环就是如此的井然有序，循环不已。本书中把以上的每一个名词与环节都定义得很清楚，读者可以在阅读时从上述的股价多空循环之中，知道现在身在何处，知道股价的位阶是在哪一个环节之中，如此学习必可"以一贯之"快速学习，轻松成就。

　　　　　　　　　　期股权胜箱波均，以逸待劳擒主升。
　　　　　　　　　　缺口次箱买卖时，缺口总在次箱处。
　　　　　　　　　　过而不破顶轧空，破而不过底杀多。
　　　　　　　　　　一门深入触类通，长期薰修熟生巧。
　　　　　　　　　　制心一处摄六根，无事不办常满愿。
　　　　　　　　　　心无所住行布施，积善之家有余庆。

第一章
超越传统技术分析的终极圣杯

一、"路漫漫其修远兮，吾将上下而求索"

此言是我第一次参与润泰集团尹衍梁总裁开创新研发会议中所听到的，出自于屈原的名作《离骚》，意思是：在追寻真理上，前方道路还很漫长，但我将百折不挠，不遗余力地去追求和探索。尹总裁告诉我们创新研发不要怕失败，就如爱迪生一样，若没有99次的失败经验，怎会有第100次的成功呢？

如何运用历史的轨迹与资料，去寻找一套能赚多赔少的投资方法，是投资人最想要知道的，最好能多空皆宜，长短皆能研判的一招闯天下的方法。正如佛家所云：一生万法，万法归一。在这十几年的技术分析研究之路，经过多年的实战经验累积，终于创新出一套符合上述的方法，我称之为"箱波均控盘战法"。

无论多头趋势或空头趋势都有缘生缘灭之时；但趋势的形成是市场当时的供需使然，它只能让投资者以客观的心态发现它并跟着它走，非可用主观心态来期待。

因此在技术分析的应用上，对于趋势的变化我们只要做到适时发现就好了，不要主观的预先规划。主观又期待的预先规划就会产生先入为主的执著心，对于后续盘势的发展就无法做出客观的判断。

所以投资者的心态不要有主观的多空方向之执著；应放空一切立场冷眼旁观，以照见其趋势形成之当下适时切入。趋势是让操作者以客观的心态跟着走，非可用主观来限定。这是趋势为师的意思。

而技术分析就是要观其因缘成熟之际切入。这就是我们把"如如不动，不取于相"的道理用在技术分析上的真义。

技术分析的理论与指标包罗万象，任何一种都有用，但也有可能任何一种都很难真正派上用场。问题不在理论或指标本身，而在使用者的心态：①一般操作者对技术分析理论与指标有贪学的心态。本来多学并非坏事，除非学到融会贯通并对所学深具信心，才能在实务上灵活运用。否则，学越多越感到无所适从。②一般操作者对投资获利有贪多的心态。对于行情想要大小通吃。于是在盘中一下看周K，一下看日K，一下看小时K，一下看5分钟K，看了就心动，因为长短线各有多空信号，想要赚取长线涨幅，又不想失去短线差价。

因长线还有更长线，短线还有更短线，以致抓不到长短线之各别多空脉动，而进退失据。不但因小失大，甚至有时还白白停损。因应之道在于"守一K线级数操作"与"建立舍小就大的心态"。

所以，如何只用一套操作理论，就能同时抓住中长线多空方向以及适时发觉短线买卖信号，益形重要。"守一K线级数之图表操作"是在固定级数之K线图上，运用长短均线的排列互动，判别长短趋势的行进、修正、转浪、逆转浪。所谓一样图含有多样情（情报）。果能舍得短线价差，亦不奢求一步登天获取最大涨幅，依照自己能接受及满足之K线级数，等待信号，守一操作，则获利的不断累积，日久亦能成就大事。这正是佛法所说："制心一处，无事不办"的道理。再强调一次，"如如不动"是要我们平心静气、冷眼旁观、等待信号！"不取于相"是要我们不执著于既有的多空印象。因为趋势随时在变，信号出现，当下即是；原本的信号条件消失，新的信号出现，也是当下即是。

二、本书缘起：箱波均的基本原理

当股价在一个区间震荡修正，造就了一个箱体。

当股价向箱体上下任何一个方向突破，就成了N字或倒N字，造就了波浪。

当修正与突破交替进行、不断循环,就成了各种不同级数的均线走势。

不同级数均线的不同均线走势,又形成了后续短中长线股价的趋势互动。

其中,短均线的一波趋势波动完毕,即是中均线的一个趋势段完毕;必然进行短均线的一波修正波动,亦即中均线的一个修正段。中长期均线波动的关系亦复如是。

这就是我们利用箱、波、均来抓住长短线各别多空脉动的基本思维。

先有市场交易,再经投资者根据交易价格加以记录与刻画,于是有了K线图。一般技术分析指标,则是根据交易数据算出强度,再依强度曲折画出指标线图。不管是K线图或是指标线图,有图就有形态,形态即代表信号。但是"正看是岭,侧看成峰",一样图可以有多种解读,何况多样图?原因在于,趋势判断人言言殊,也因此,趋势判断越看总是越复杂。

这套操作理论是要让我们回归原始K线图,从箱体出发,借由波浪,根据均线而进出操作。并照金刚经所言"无住生心"的道理,不执著于既有的多空印象,不执著于波浪几浪,不执著于满足价位,不执著于得失多少,只要信号出现了,当下即是。原本的信号条件消失了,新的信号出现了,也当下即是。完全依照系统的信号,该进就进,该出就出。我们叫它"箱波均"操作理论。

当香味扑鼻时,常令人感到心旷神怡。这套操作理论是要将操作判断单纯化,让每个操作者学会这套理论以后,在市场上能以逸待劳,适时切入;稳健获利,轻松成就。对于投资操作这件工作就像"香扑君"一样,感觉轻松、自在、幸福感。或许,也可叫它"香扑君"操作理论。

三、鉴往知来,复制成功经验

在操作与投资时,大家最担心的是未知世界里,其右边盘势还没发生的情况下该如何推估,是否有迹可循呢?

箱波均控盘战法告诉我们：一定会有一个关键次箱，让我们可以推估后面的可能走势路径。因为任何事件都是因缘而生，因缘而灭。当多头趋势增强的时候此时为因缘而生，当还没有因缘而灭时，多头走势就是要符合拉回有守次箱，与见压不是压的向上转浪成功现象。

当因缘而灭之时，我们就会发现此时的走势会上档有压出现止涨缺口且见撑不是撑，出现破而不过次箱。这些都可以从箱波均的关键次箱来研判多空之间的力道消长，这就是缘生缘灭的道理。

箱波均控盘战法就是提供一套缘生缘灭的关键枢纽，从过而不破知道方向往上，从破而不过知道方向往下，因此右边的未知走势，已不全然是未知！

箱波均的关键次箱能提供投资者操作的方向，以及缺口操作法用来研判止涨与止跌的信号，当投资者能抓住关键枢纽，就能以逸待劳，赢在起跑点。

四、学习与思考并进，迈向赢家之路

孔子说："学而不思则罔，思而不学则殆！"学而不思则罔是告诉我们，学习时若不去思考书中的义理，则无法将此知识变成自己的一部分，那这学习依然是一无所知。思而不学则殆是告诉我们，只凭空去思考事情但是没有去学习前人所留下的经验和知识，那依然无法在重要时刻作出研判对错的决策。

这个告诉我们学习和思考都很重要需要一起并进与互补，我们常听到温故而知新，这是告诉我们因为有去思考所以又得到更多的想法与举一反三的效果。学习技术分析也是如此，当我们读书学习技术分析的时候，若只依照书中所讲解的，但是没有去思考实战的时候何时比较适合，何时就不适用的话，就会沦为死读书，而变成理论，这和实战有不少的落差。

若只会思考但是不去参考各家对于技术分析的不同讲解，去了解他们为何对同样的线型有做不同的解析，那在下单时就容易犹豫不决，不知道实战的时候到底会发生什么事情！学习和思考就是把前人的经验经过思考逻辑和评估之后，改良成自己操作的策略，这样才会找到一套属于自己成功的方程式，在这里分享我学习与操作的思考逻辑，希望对读者与粉丝都能有些许的帮助！

五、成为赢家需改变的四个关键

《有钱人跟你想的不一样》这本书提及改变四要素，我们把它利用在技术分析上如下。

关于改变的四个关键因素：

（1）察觉：你要先知道某件事的存在，才能改变它。你要知道技术分析的盲点才可以从异常抓到转折。

（2）理解：了解思考方式后，你就会知道，一切都由你内在而起。任何技术分析的信号是由买卖力与人心的贪、怕、恐，所产生的结果。

（3）划清界限：你的想法不等于你自己，你是创造者。你选择了你的想法。清楚了解自己的投资属性后规划自己的操作系统与信号。

（4）重新设定：设定你的心灵档案。我要选择新的思考方式，让它帮助我得到快乐和成功。设定好赢家的思考模式从投资中赚钱而得到经济自由与生活无虑。

六、观盘心法

趋势的形成是市场的共性使然，无论多头、空头都有缘生缘灭之时。在技术分析的范畴，对趋势我们只求适时发现，不必预设立场。趋势是让操作者客观的跟着走，不可主观的限定。这是趋势为师的意思。

故操作的心态不应有主观的多、空方向之执著；应放空一切立场，冷眼旁观，以照见其缘生缘灭之当下；而技术分析就是要观其因缘成熟之际切入。这就是我们把"如如不动，不取于相"的道理用在技术分析的真义。

大家都知道长线趋势是短线趋势的累积，短线趋势是长线趋势的先兆，所以如何用长线来判别多空方向以保护短线；以及如何用短线来发觉切入点以取得先机；益形重要。

守一K线级数之图表操作，是在固定级数之K线图上运用长短均线的排列互动，判别趋势的行进、修正、逆转。所谓一样图含有多样情（情报）。果能舍得短线价差，亦不奢求一步登天获取最大涨幅，依照自己能接受及满足之K线级数，等待信号，守一操作，则不断的累积获利，日久亦能成就大事。这正是佛法所说"制心一处，无事不办"的道理。

然则，技术分析的逻辑观念及基本分析工具仍然必须贯通，才能有效判别盘势，使自己具备信心。再次强调，"如如不动"是要我们平心静气、冷眼旁观、等待信号！"不取于相"是要我们不执著于既有的多空印象；因为趋势随时在变，信号出现，当下即是；原本的信号条件消失，新的信号出现，也是当下即是。

（一）介绍箱波均的内涵

1. 箱，指的是次箱的运用

（1）所有波动的关键在次箱，是决定本波波动阻断、收复，及次级波转浪成败等的枢纽；

（2）次箱的攻防成败决定修正级数（或趋势级数）的扩大与否；

（3）由次箱逻辑可延伸为两段双箱、失败末段转浪临界箱、末测箱等，可依个人的操作目标与习惯灵活运用；

（4）画出关键的箱子，当作盘势转多转空的门槛，并以过而不破或破而不过的条件，单纯而客观地判别多空走向。又因门槛唯一，故而同时能捕捉到关键的点位做为买卖之处，是箱波均的操作特色之一。

2. 波，指的是N字abc法则

（1）a是突破，是逆转段也是趋势段；b是回测，是修正段；c是攻击，是趋势段；

（2）观盘重点在b段与c段，其中回测与攻击各有成功、瑕疵、失败三种情况之定义与控盘逻辑。利用此定义可以轻易发现波动的末段或缺口。这是箱波均的操作特色之二；

（3）针对 N 字收敛、扩张、重叠三种修正形态，定义次级波转换规则。画出次级波波动的折线，故而能掌握波动级数扩大后的长线关卡。因为在急涨急跌的形态当中，中长期均线常常无明显转折，此时画出的次级波动折线，能现出中长线波动阻断或趋势转弱的先机。这是箱波均的操作特色之三。

3. 均，指的是行情的级数

是指一段趋势段或修正段的级数，也是指一波趋势波动或修正波动的级数。

（1）行情级数混乱，使人不知身在何处；无法居高思危，也无法决定操作目标的周期；

（2）行情级数的具体表现在均线；

（3）行情级数在操作上最理想应掌握收盘线、5MA、20MA、60MA、240MA 四级；

（4）所谓层层波动层层均，故而波不离均，均不离波。利用前述 abc 法则配合级数转换规则，而能知长短线各别的多空波动。这是箱波均的操作特色之四。

（二）箱波均控盘战法适用性广

这套方法适用于股汇市、期货、债卷、基金等，只要有收盘价的连线就可以操作该商品。从箱波均基础原理讲起，了解箱子与波动的关系，进而带入均线等不同级数的箱子与波动的关系。我们把箱波均（BOX WAVE MOVING AVERAGE→BWM）战法，BWM 英文换个次序则为 BMW，戏称 BMW 操盘法。

操盘本来就要简单不复杂，操作稳当的点位，操作者的心态方能沉稳而不患得患失。犹如 BMW 车子外观劲猛，性能优越，操控自如。既然说的这么好，就要拿出实际案例来证明，我们来看以下的箱波均征战飙股和 ETF 与外汇以及石油等实际案例。

（三）箱波均征战飙股的实际案例

一般技术分析被丑化成只能看图说故事或者有事后诸葛之嫌，我们举实际的箱波均公开发表过的案例，如何从发动点沿路一段一段的获利操作呢？我们来看曾经公开发表的案例。

云辰（2390）的实际案例

如何知道一档股票即将发动呢？依照箱波均的八字箴言就是寻找过而不破的信号，修正的末段处，寻找下跌次箱的顶底出来，只要有一天出现过而不破下跌次箱顶的信号，就是抓到飙股的第一个发动时间点（图1-1）。

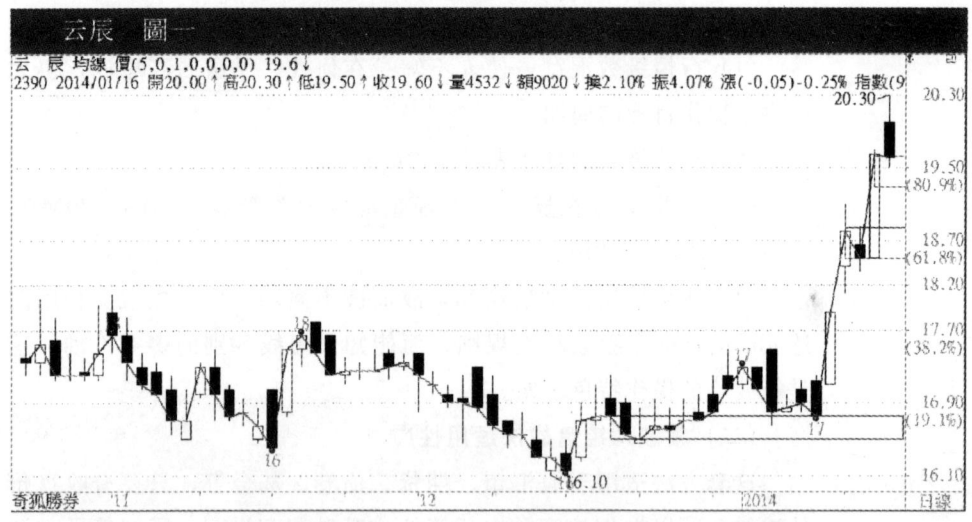

图1-1

如图1-2、图1-3所示，买进之后只要专注于每次的回档箱，把这回档箱顶与箱底画出来，只要每次都向上转浪成功，只要把回档箱往上移动停利即可，再者，若出现回档箱之间不重叠，那恭喜你找到飙股了。

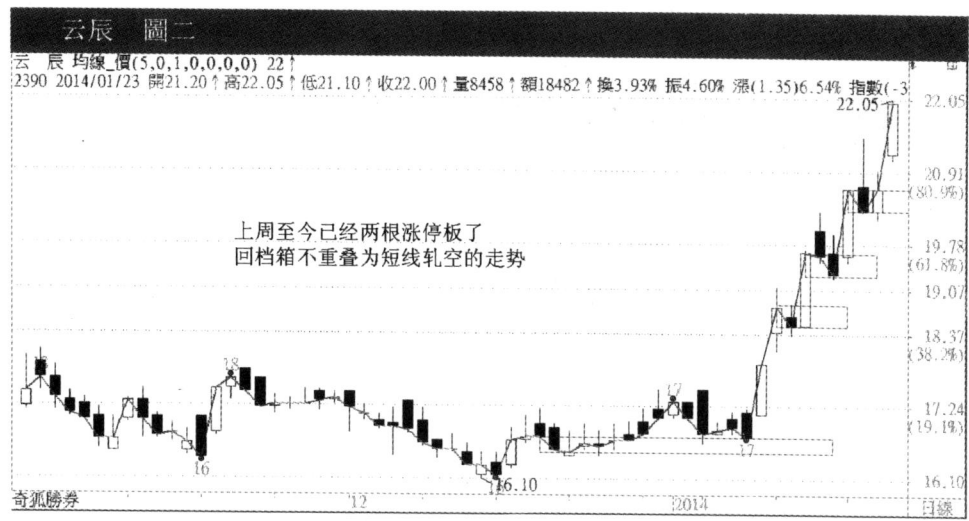

图1-2

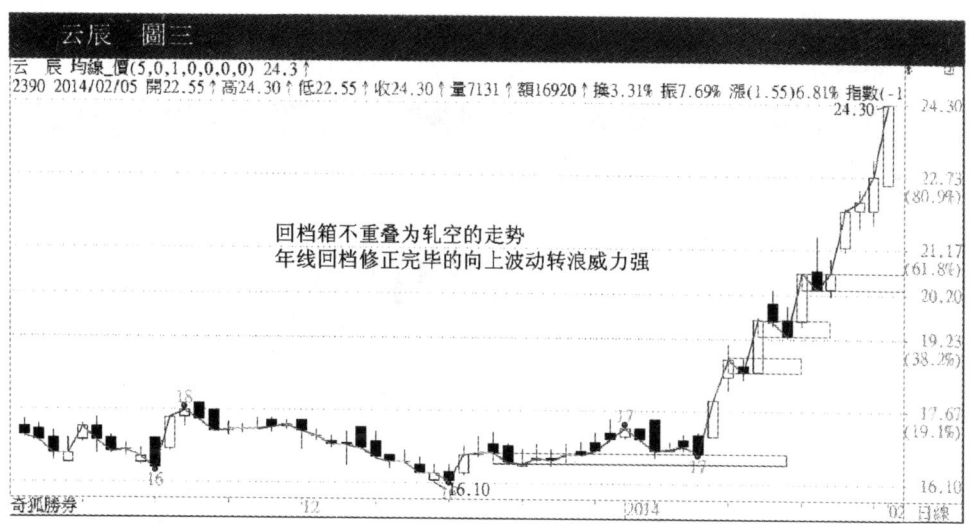

图1-3

如图1-4、图1-5所示,股票上涨沿路都会有出量或爆量的时候,其实只要上涨没有被阻断,量能是可以不用理会的。当我们止涨缺口出场之后，当修正完毕，一定会出现止跌缺口让我们再度进场的。

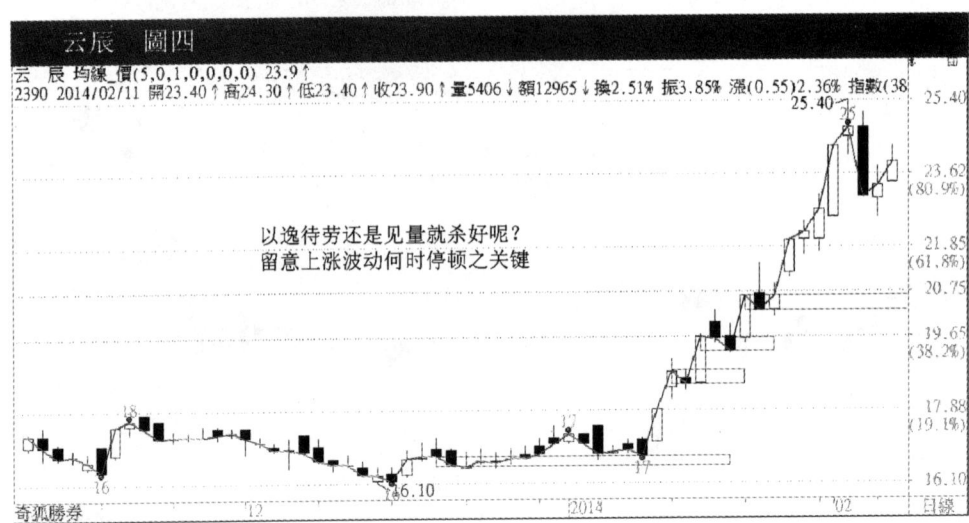

图 1-4

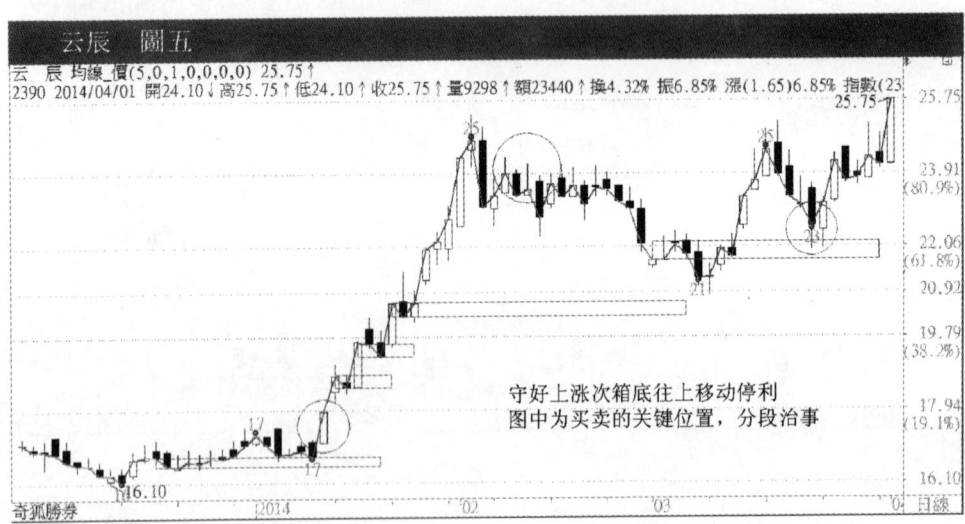

图 1-5

如图1-6、图1-7所示，由于这是20日次级波动的向上转浪，因此其向上的威力是比较大的，依然沿路把回档箱给画出来，不断的向上移动停利即可。赢家的操作就是不断持续做对的事情。

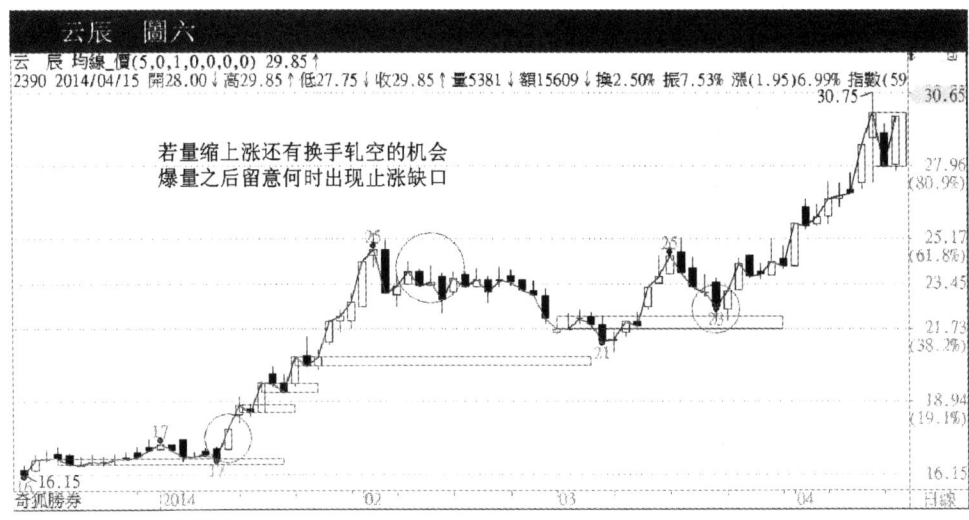

图1-6

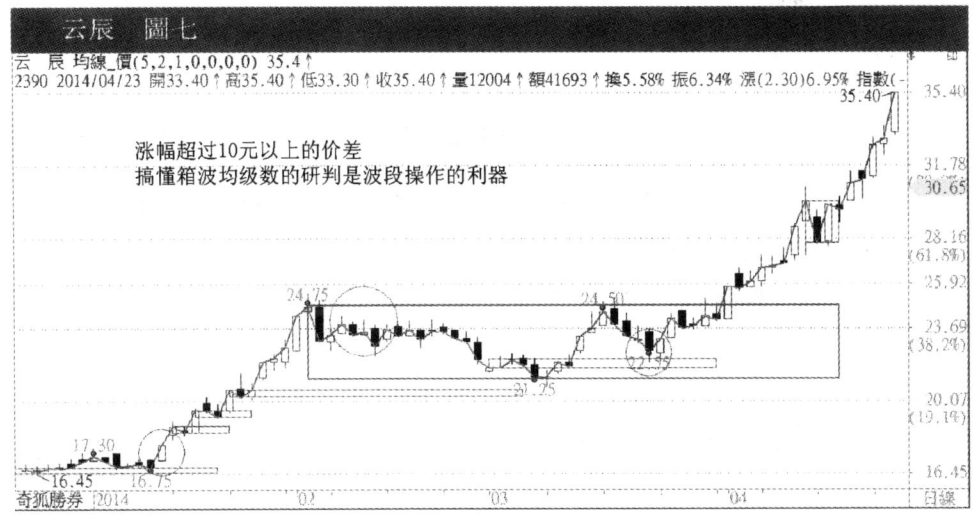

图1-7

如图1-8所示,最后,我们发现这样的操作一档标的物,其利润从18元以下买进,于58元以上出场,是很惊人的获利,我们可以利用股价所表态出来的回档箱不重叠就知道买到飙股了。当买到飙股就是不断的做画回档箱的动作,然后次箱不断的往上移动停利,直到上涨被阻断出现止涨缺口,即可逢高减码。

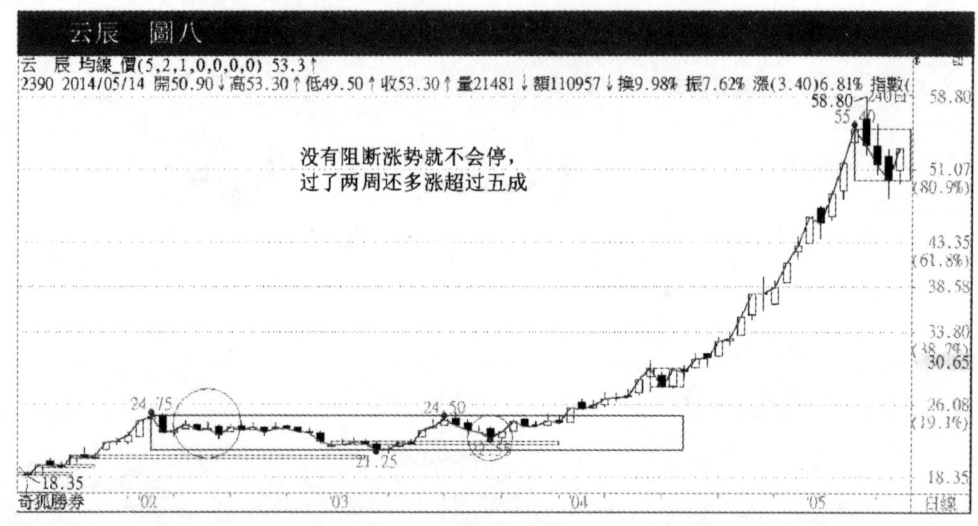

图1-8

万润的实际案例

以下我们来看若在上涨中继站的半路该如何切入赚到倍数价差呢?我们以所发表过的万润为例:

如图1-9所示,当我们发现一档标的物是在半山腰的时候该怎么办呢?利用箱波均控盘战法,只管有没有止跌缺口的买进信号,或者有更强烈的过而不破箱顶的加码信号,因此能在中继站作切入,赚另一波的上涨行情。

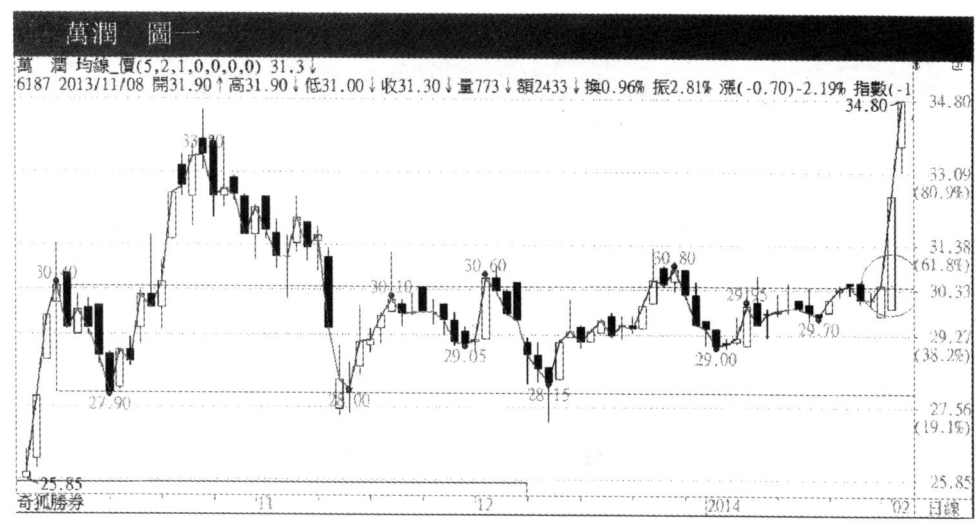

图 1-9

如图 1-10、图 1-11 所示，上面我们可以发现，当您看到创新高量价背离，然后 kd 指标也出现背离出场之后，股价持续向上飙涨，这就是为何只要专心看箱波均的回档箱即可，因为信号愈多，操作愈会犹豫。

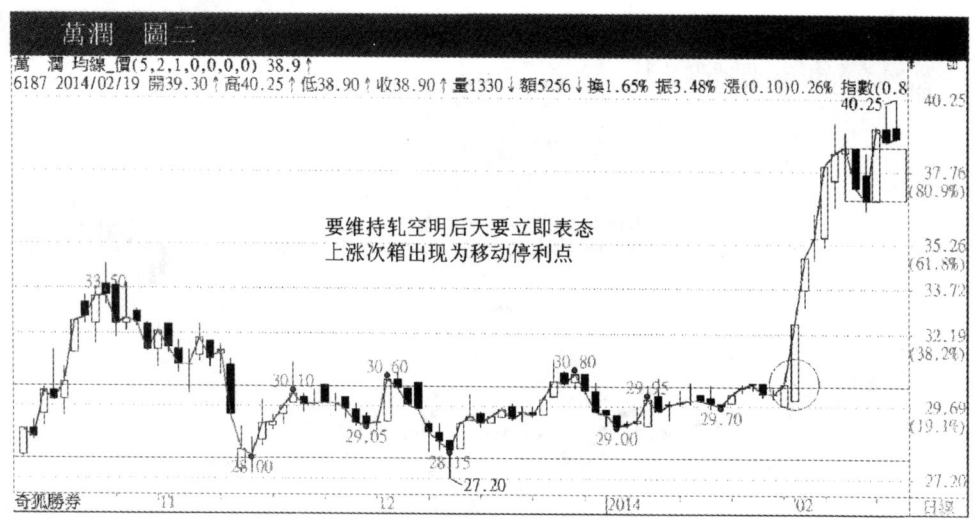

图 1-10

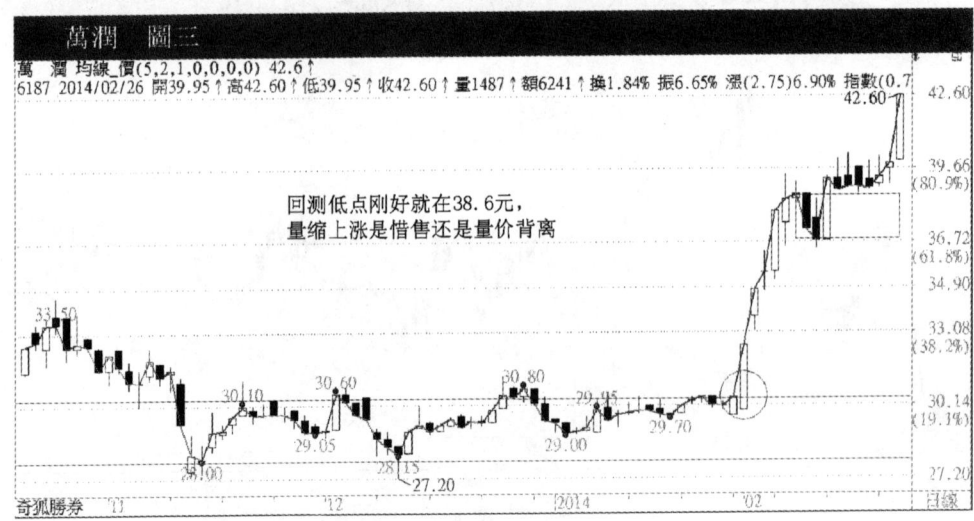

图 1-11

如图 1-12、图 1-13 所示，我们发现股价出现过而不破次箱顶就是加码买入之时，后面股价出现轧空走势，回档箱不重叠的情况下，又持续往上飙涨一倍。

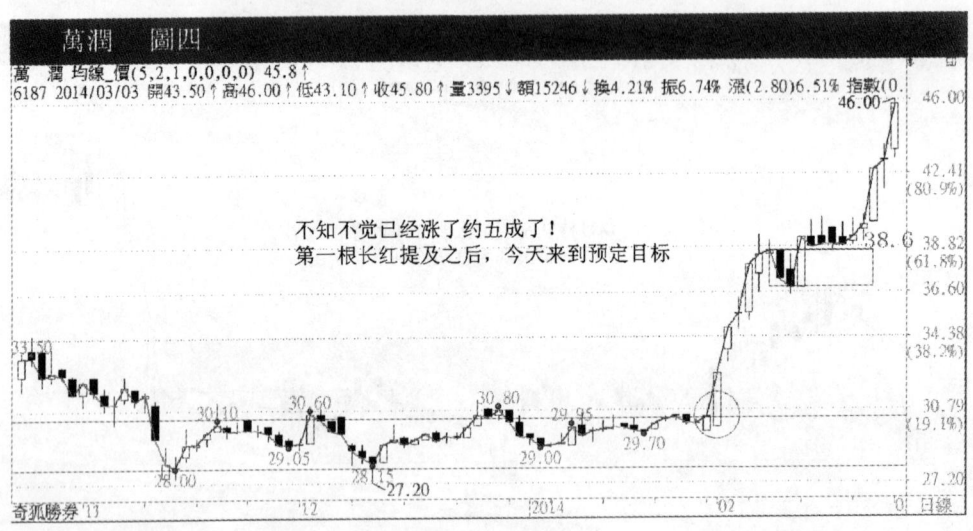

图 1-12

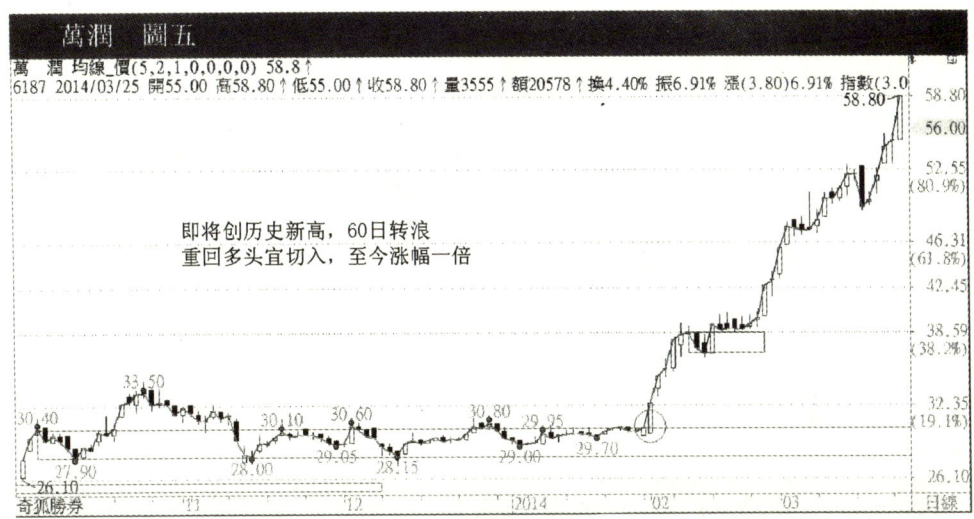

图 1-13

如图 1-14 所示,由此档标的物,我们可知,32 元附近出现信号作买入,股价沿路上涨到最高点为 69.5 元,又是获利一倍的高报

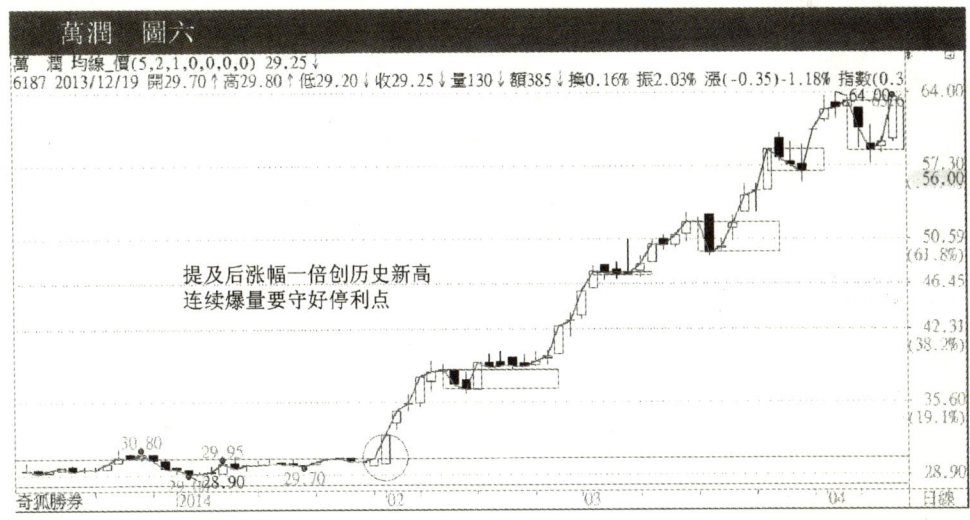

图 1-14

酬,读者只需要把收盘价的连线波动,画出回档箱,然后持续往上移动停利,直到有一天出现上涨阻断出现止涨缺口就获利出场,这就是一套很简单的操作步骤。

茂矽的实际案例

本范例为只有拉抬一段行情就结束了,在买入之后,在高位要转折时如何能安然出场。

如图1-15、图1-16所示,我们可以知道,日线是很强势的飙股,但是月线图告诉我们需留意上涨次箱顶11.35元的压力,最后高点只来到10.9元就结束了,这就是箱波均研判关键枢纽的好处。

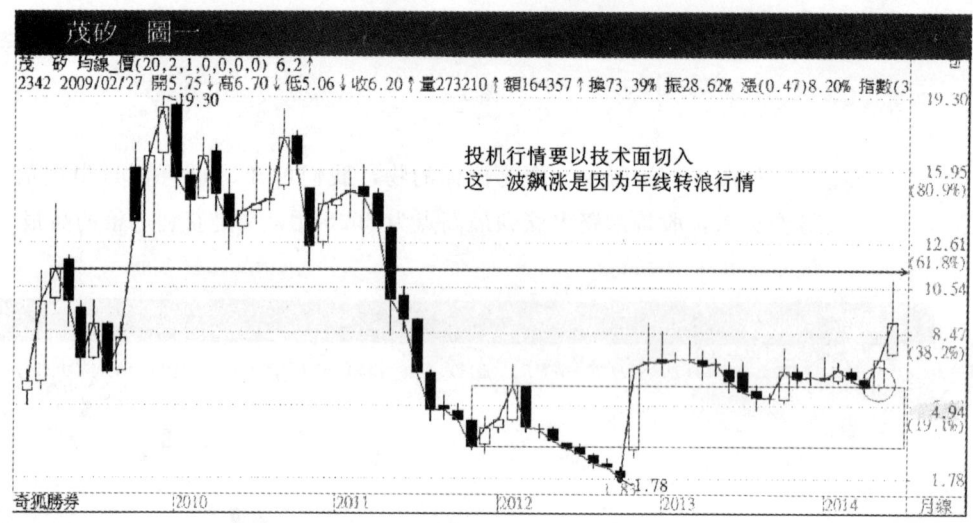

图1-15

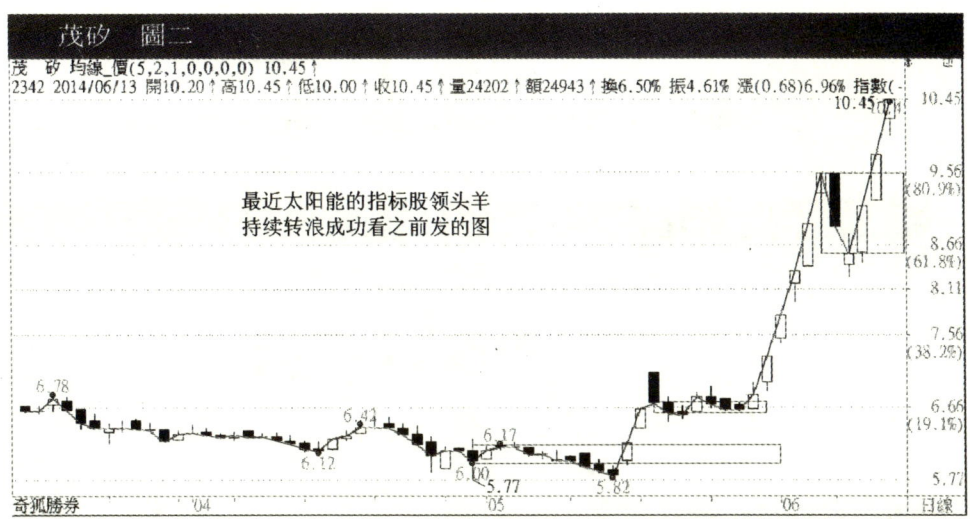

图 1-16

如图 1-17 所示，我们来看茂矽的日线图，发现股价过而不破下跌次箱顶 6.42 元，于 6.82 元买进，后面轧空到 2014 年 06 月 23 日出现上涨阻断之后的止涨缺口信号出现，可以在 9.8 元出场。约一个月左右的时间，达到四成多以上的获利空间。

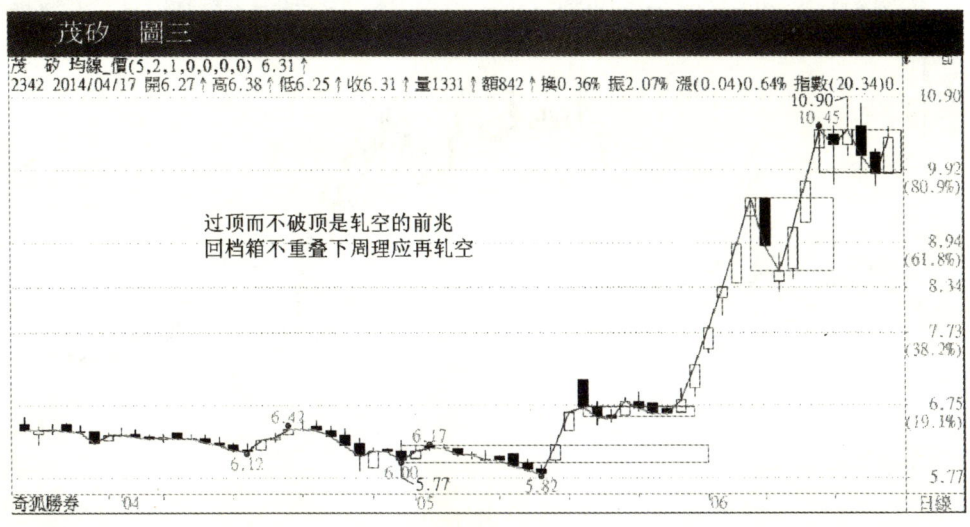

图 1-17

扬华（4730）的实际案例

如图1-18、图1-19所示，扬华的日线图，当跌破箱波均的次

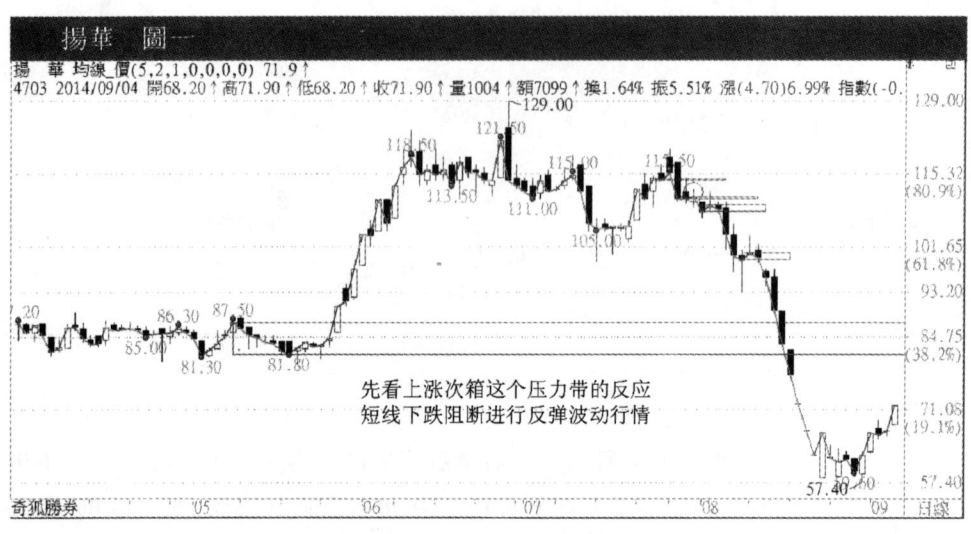

图1-18

图1-19

级波动的上涨次箱底,我们知道出现"破"的信号,之后的反弹需留意"不过"的信号,当您画出箱波均的关键次箱之后,您会发现当股价反弹不过,您必须晓得要出场,而非见到长红突破长线均线而去追进,却套在高位。

伍丰(8076)的实际案例

如图1-20、图1-21所示,我们来看伍丰的日线图,可以画出其次级波动的上涨次箱顶底,当股价破上涨次箱底,反弹不过上涨次箱顶时,是最佳的获利出场时机。之后股价果然来到上涨次箱顶就马上的回档,一破底之后,最低来到88.4元,价差有高达100元之多。

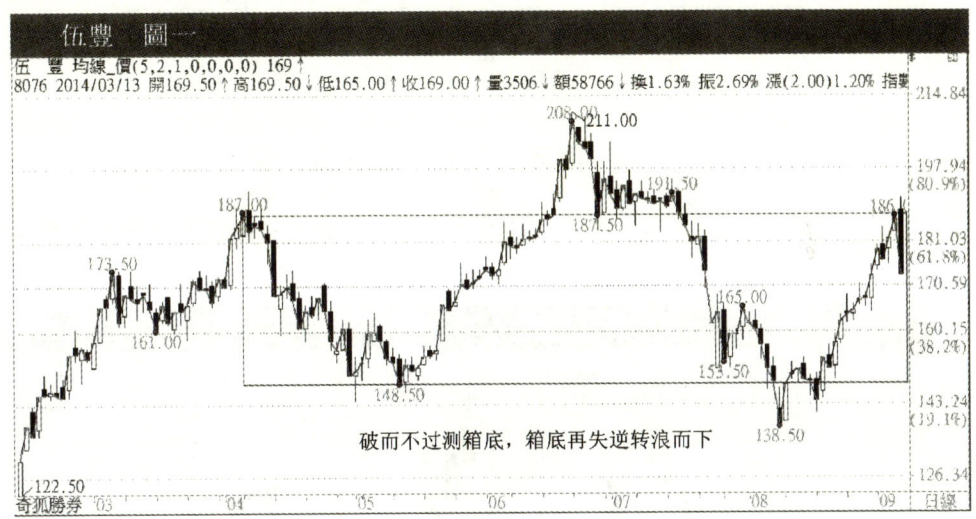

图1-20

图 1-21

鼎天（3306）的实际案例

如图 1-22、图 1-23 所示，鼎天的日线图，许多投资人最想知

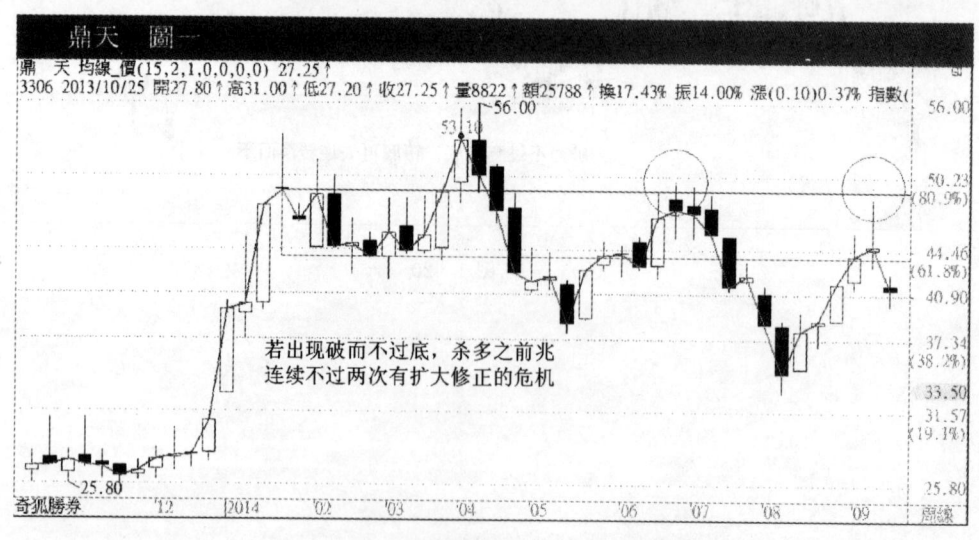

图 1-22

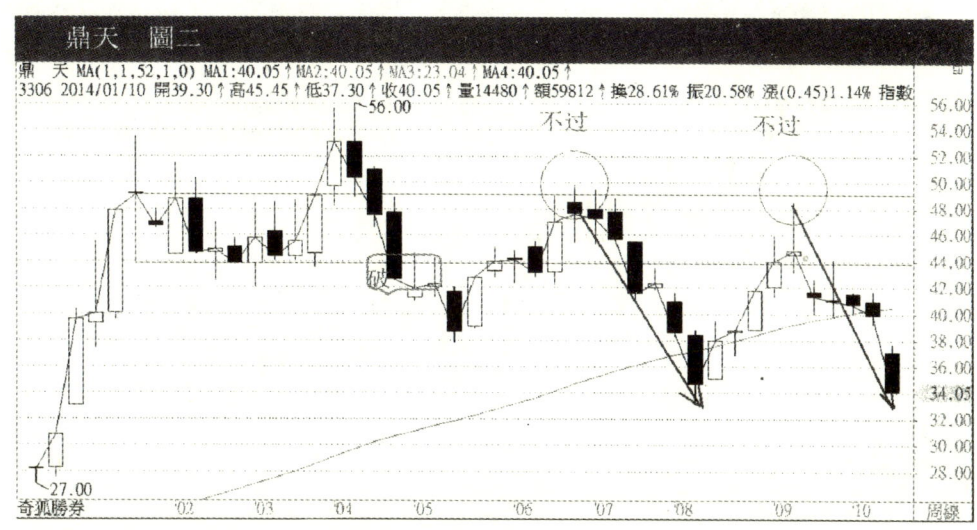

图 1-23

道的就是何时是转折的高点，该如何在关键处提高警觉呢？箱波均控盘战法，开宗明义直截了当的告诉您，只要把关键次箱给找出来，您就会发现，任何转折高低点都在此做转折。从鼎天这一档我们也再度印证，股价真的破而不过，在不过处做获利出场，不过处方向往下就是。

劲永（6145）的实际案例

如图1-24、图1-25所示，劲永的日线图和周线图，读者可以发现一个很漂亮的头肩底形态，当突破颈线追进去，结果怎么套在高位呢？其实"过"有真过和假过，经过不破来验证是真过的机率比较大。这就是箱波均控盘战法的八字诀："过而不破买进，破而不过卖出。"

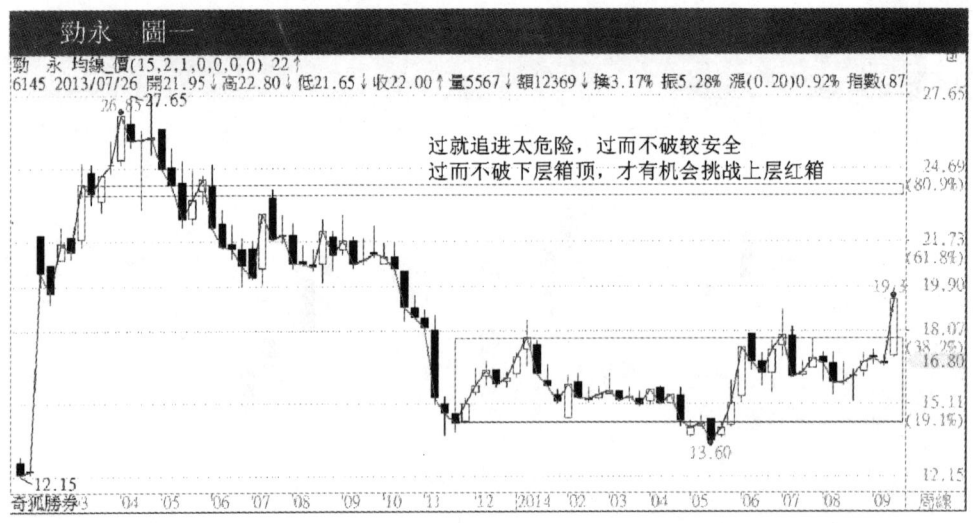

图 1-24

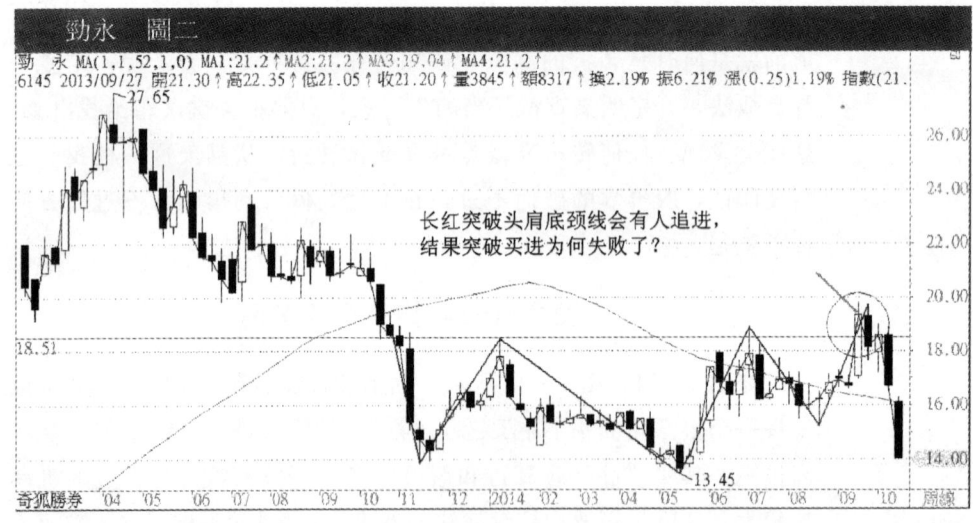

图 1-25

太极的实际案例

如图 1-26、图 1-27 所示，太极的日线图，我们可以看到类似一个 W 底出现一个底部长红，若您很冲动的追进，反而后面却是套在高位,这情况几乎所有投资人都会遇到,当我们把多空线给画出来。我们发现在多空线之下,是要找破而不过的卖点,而非买点。当您发现箱波均真能解决很多技术分析的盲点时,您必定认同"箱波均控盘战法"的确是 BMW 战法。

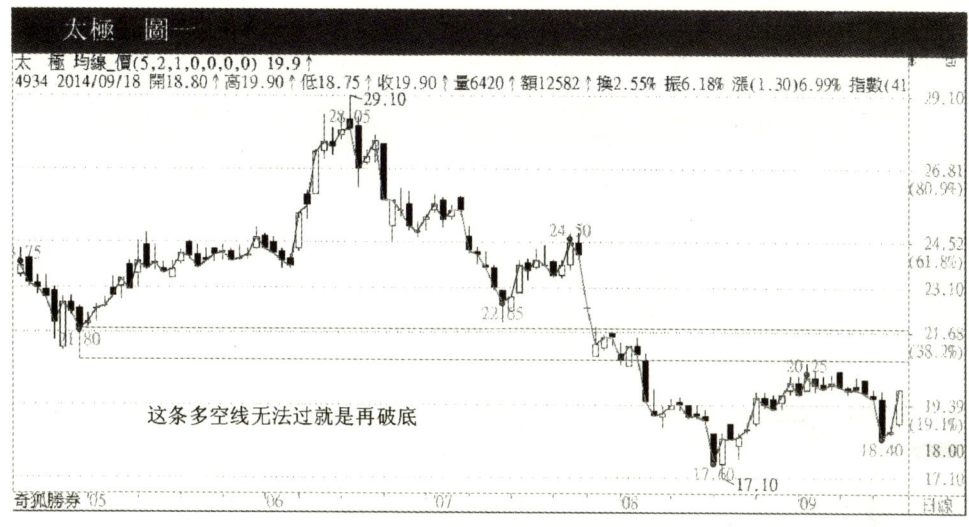

图 1-26

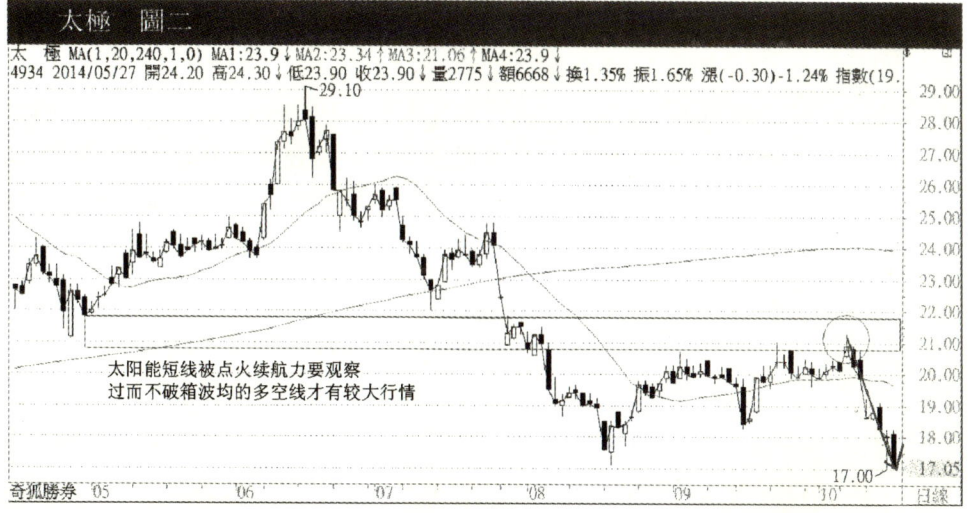

图 1-27

鸿海（2317）实际案例

如图1-28所示，我们看鸿海，在此您看到有一个小W底又出现一根长红突破，于此您会认为这底部稳当了，但是后面为何变成反弹的高点呢？到底股价是反弹还是回升，是很多投资者想要知道的。

图1-28

如图1-29所示，上涨次箱顶底为103和104，我们发现反弹的高点几乎都在104就出现高转折往下，由此可以知道，符合箱波均战法的破而不过的口诀，也就是说不过的方向是往下的，当您后面读完，您会发现箱波均真的是大道至简，一个次箱就解决所有技术分析的盲点。

如图1-30所示，我们来看鸿海的走势如图1-29上涨次箱一样，出现破而不过真的是往下的走势。此时外资调高鸿海评级，所有利多之下，但是箱波均的上涨次箱顶底一画出来，多空立判，不需要很高深的理论与方法，只要把上涨次箱与下跌次箱给找出来，就可以研判转浪与逆转浪的关键时刻。

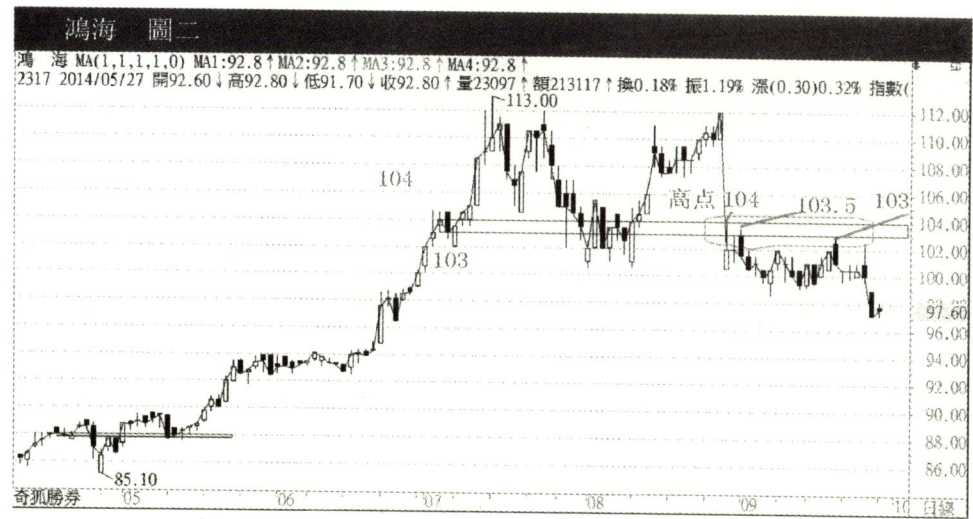

图 1-29

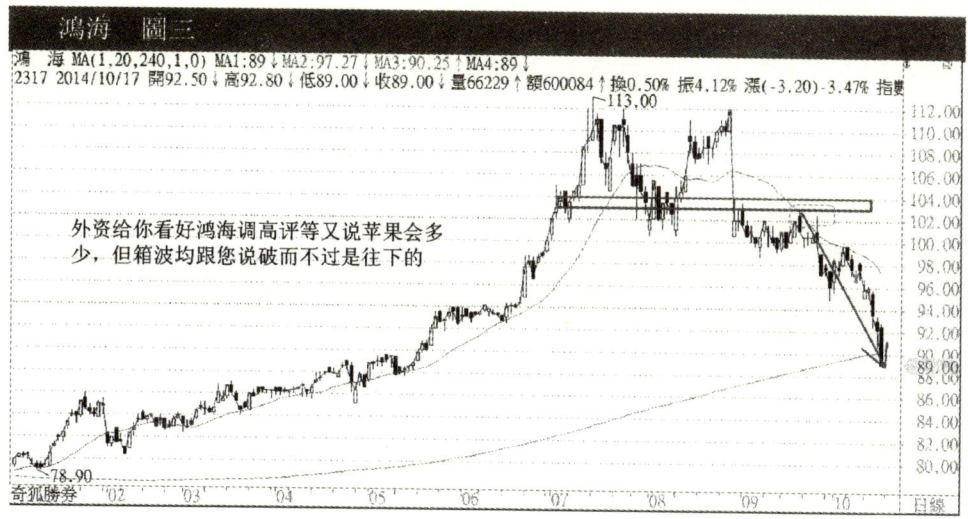

图 1-30

箱波均控盘战法粉丝来信

HKClare

感恩恩师教导箱波均操作方法,箱波均的操作方式,使我知道目前所处位置,何处为进场点、何处为停损点,而停利点也不会容易被洗掉。BC法则的妙用,直接贯穿整个操作主轴,更适用于经常在盘整的台股。而口诀与操作方式16招,在把握点位的拿捏、风险的评估、进场的时机。虽目前仍为初学阶段,也谢谢恩师不厌其烦的教导,也念兹在兹地为同学们指导操作。股海无涯,感念恩师不藏私的教学,使得新进市场操作的我,能有所本的进出,由衷的感谢!

第二章
箱波均理论基础的建立

　　常闻"千线万线不如一条电话线",但是要想得到第一手资讯对一般的投资人是很困难的,假设用价值投资法,从财报也只能看出大长线趋势的方向,在短线的发动点就不如技术分析的快了,究其原因为其有资讯不平等的时间差。打个比方,如月报要下个月10号前公布,知道业绩会好的人已经提早于一般投资者进场,知道业绩会不好的人已经提早于一般投资人退场,因此资讯落后造成使用基本面或看财报分析者,无法在短线发动上领先看到征兆。

　　然而股票市场是大家都要利用上下五档来做交易买卖的市场,交易会形成价量的纪录,因而显现到K线图上。当大户领先知道有好消息进入市场买进,就会让量价起了变化而让线型转漂亮;当大户领先知道有利空时,就会把手中的股票给减码,线型就会透露败象。从这我们就可以体会到,技术分析是用来抓发动点与抓转折点的工具。任何工具都不会是百分之百准确的,因此投资的第一原则就是"赚多赔少"为主要宗旨与趋向。问题是怎样才能赚多赔少呢?

　　我们要找出多空的关键处,只要关键处失守就是要停损与停利的时机点,只要关键处不断的往上移动就可以让利润不断的扩大。无论多头趋势或空头趋势都有缘生缘灭之时;但趋势的形成是市场当时的供需使然,它只能让投资者以客观的心态发现它并跟着它走,非可用主观心态来期待。因此在技术分析的应用上,对于趋势的变化我们只要做到适时发现就好了,不要去预先规划。预先规划就会产生先入为主的执著心,对于后续盘势的发展无法做出客观的判断。所以投资者的心态不要有主观的多空方向之执著;应放空一切立场冷眼旁观，以照见其趋势形成之当下适时买入。

一、箱波均操作理论

先有市场交易，再经投资者根据交易价格加以记录刻画，于是有了K线图。一般技术分析指标，则是根据交易数据算出强度，再依强度曲折画出指标线图。不管是K线图或是指标线图，有图就有形态，形态即代表信号。但是"正看成岭，侧成峰"，一样图可以有多种解读，何况多样图？趋势判断人言言殊正是这个原因，趋势判断越看越复杂也是这个原因。

这套操作理论是要让我们回归原始K线图，从箱子出发，借由波浪，根据均线而进出操作。并照金刚经所言"无住生心"的道理，不执著于既有的多空印象，不执著于波浪几浪，不执著于满足价位，不执著于得失多少，只要信号出现了，当下即是。原本的信号条件消失了，新的信号出现了，也是当下即是。完全依照系统的信号，该进就进，该出就出，我们叫它箱波均操作理论。

当香味扑鼻时，常令人感到心旷神怡。这套操作理论是要将操作判断单纯化，让每个操作者学会这套理论以后，在市场上能以逸待劳，适时买入；稳健获利，轻松成就。对于投资操作这件工作就像"香扑君"一样，感觉轻松、自在、幸福感。或许，也可叫它香扑君操作理论。

二、每日收盘价的痕迹就是多空交战的成果

我们常听到"一生万法"，任何源头的组合都从"一"开始，就如投资也是每一次的战果累积下来才能致富，因此每一次的胜负战果都是难能可贵，也就是我们常听到的积沙成塔。然而股市的波动也是如此，一根K棒是从开盘、高点、低点及收盘价所组成，今天的开始是开盘价，今天的结束点是收盘价，盘中的震荡两端就是今天高点和今天低点。

收盘价是一档股票每天多空交战的战果，不管盘中如何高低震

荡上冲下洗，一天的胜负就在收盘结束。每天的战果也将刻画出一条痕迹，我们可以借此分出短线的多空强弱。打个比方，今天收盘比昨天收盘还高，今天就是多方胜，今天的收盘比昨天的收盘还低，今天就是空方胜。

把每日收盘价的点与点之间做连线，就能够轻松找出每日交战的痕迹。方法非常简单，也可以直接透过下单软体，将均线参数设定为 1（MA1）或是收价线来找出。这上上下下的痕迹，就像是波动一般，会有 N 字上涨或倒 N 字下跌的形态出现，这些 N 字最少就是三到五天的收盘价所组成的，慢慢就形成短线趋势的概念出现。连续向上 N 字的形态我们称之为向上波动，连续向下倒 N 字的形态我们称之为向下波动。当股价波动从收盘价的连线（MA1）所形成，也就是小波动慢慢累积成中波动，中波动又再累积成大波动，因此形成"不同级数"的"波动架构"了。

三、N 字与波动的形成

首先，我们将股价的涨跌以折线表示如下：

图 2-1　股价上涨

图 2-2　短线获利了结，产生卖压使股价回档

图 2-3 利多让股价再往上推升，越过前高续涨形成 N 字

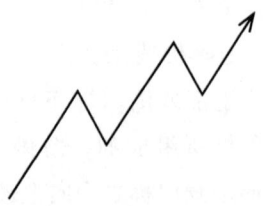

图 2-4 形成波浪

以上四幅图相信大家都很熟悉，摊开 K 线图也随处可见。因为太简单了就不引人注意，但是浅显的事常含深奥的道理：佛法说一生万法，万法从一而生，就是这个道理。

图 2-1 我们叫上涨。

图 2-2 我们叫回档。

图 2-3 是股价转浪续上，我们叫 N 字上涨。

图 2-4 是连续 N 字，我们叫向上波动。

当股价下跌，我们就叫下跌、反弹、转浪续下（倒 N 字下跌）、向下波动。说法不同，道理一样。

我们发现任何波动都是从一个 N 字所组成的，如图 2-5 所示，看宏达电的周线图，我们把 K 线图改成收盘的连线，读者可以很清楚的看到，上涨之后的回档再次过高形成转浪，转浪之后就形成 N 字上涨，之后续创新高转浪而上就是向上波动的延续了。

如图 2-6 所示，我们看宏达电周线图，先出现下跌 ab 段之后出现反弹 bc 段，当再度往下破 b 点形成转浪往下的倒 N 字下跌，后续反弹之后再创新低转浪而下就形成向下波动的延续了。多空循环图就是把这两张图合并之后，多空涨跌之间就此循环不已。

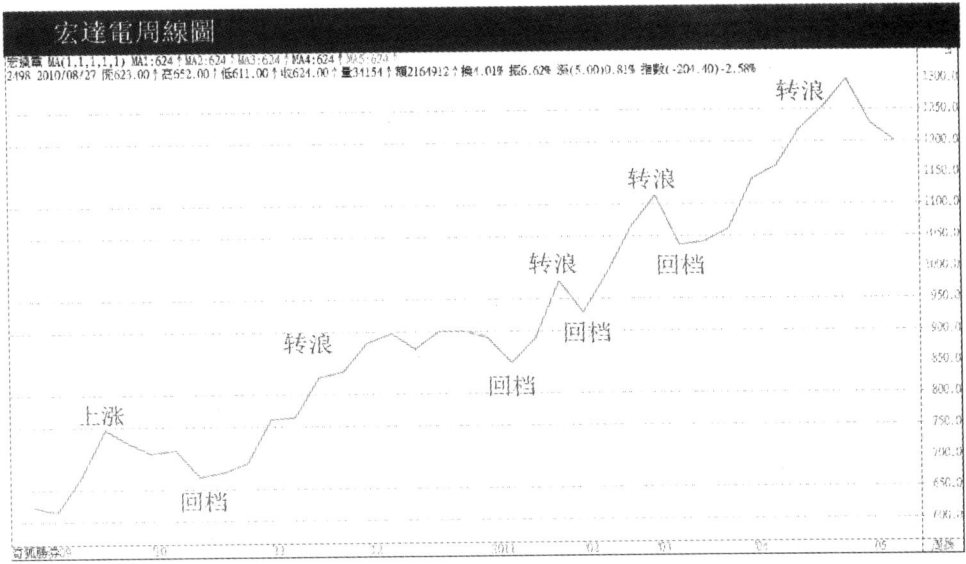

图 2-5

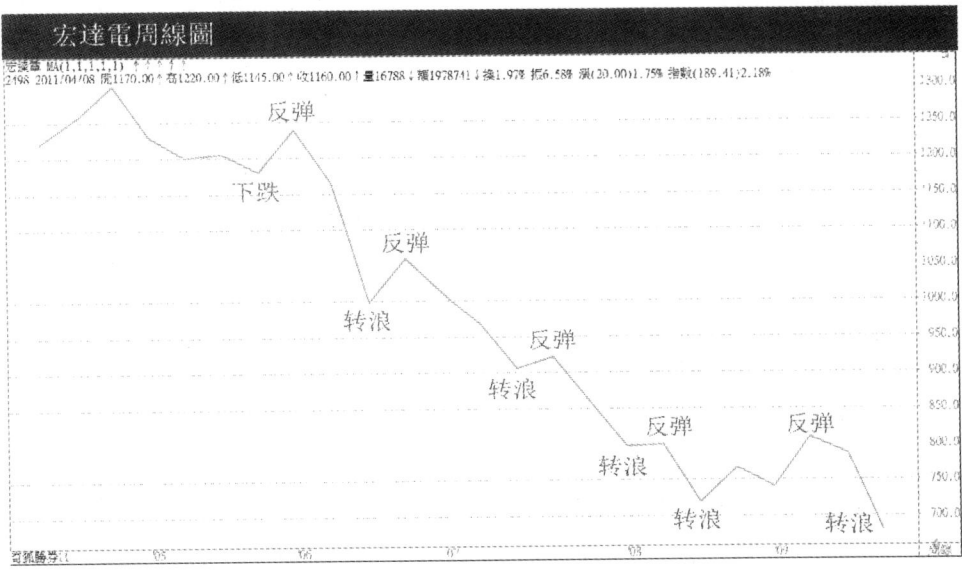

图 2-6

四、修正箱的定义

细观图 2-2，我们提出 b 和 c 两个重要的点，衍生图 2-7 与图 2-8。

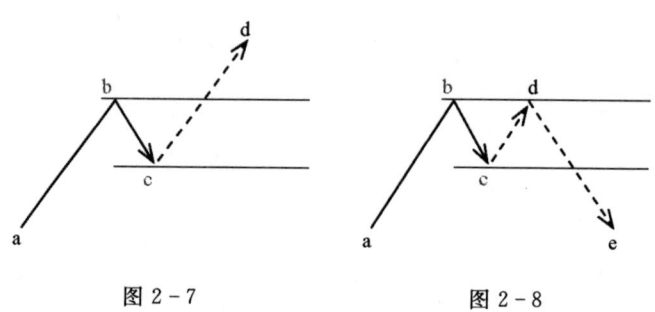

图 2-7　　　　　　　　图 2-8

并阐述它的意义如下：

(1) 压力点与支撑点。

如果股市只有多方没有空方，或只有空方没有多方，则成交值等于零，股市必不存在。所以在股市中多空交战是常态，越是多空看法分歧交战越是激烈。

多方为了保全做多利益而力守的点位，我们称之为支撑点。

空方为了保全做空利益而力守的点位，我们称之为压力点。

(2) 守多点与守空点（图 2-7、图 2-8）。

b 点是当初获利卖压发生的地方，也是空方趁机做空的地方，所以 b 点即是压力点也是空方守空点。

c 点是当初从 a 点做多的人为了保全利益，在适当的点位 c 奋力守住，并向上推升的地方，所以 c 点即是支撑点也是多方守多点。

(3) b 点是到达 d 点的必经（图 2-7）。

b 点是多方要创新高必须突破的最后点位。

如果 b 点无法收上表示空方力量仍比多方大，代表市场的多数仍然看空。多方必须重新寻找支撑或确认支撑，蓄势才能再发。

(4) c 点是到达 e 点的必经（图 2-8）。

c 点是空方要让股价续跌并创新低,必须攒破的最后点位。

如果 c 点无法收破表示多方力量仍比空方大,代表市场的多数仍然看多。也代表 c 点股价仍为市场多数所认同,市场的做空气氛并未形成。

(5) bc 之间即是多空交战未分胜负的地方,我们视为回档修正区(或回档整理区)。若将 bc 两点画成两条平行线,则像一个箱子有箱顶也有箱底,所以我们称之为修正箱。

(6) abcd 四个点所形成的上涨 N 字波动其 bc 两点为回档箱,abcd 四个点所形成的下跌倒 N 字波动其 bc 两点为反弹箱,因此画箱的基础就是 bc 两个点所画出的水平线作为箱顶与箱底,利用股价过而不破或者破而不过,来研判后面的走势,由于 bc 两点是箱波均的主轴之一,因此取为 bc 法则,由 bc 两点所画出的股票箱是我们抓转折与发动点,获取利润的工具,因此称之为股票赚钱箱,期许读者可以借由简单的箱波均的方法,赚取利润,累积财富。

如图 2-9 所示,我们观察到在上涨过程中的回档箱是最重要的看盘重点,由于修正有两种模式:一种为空间上的修正,此种卖出

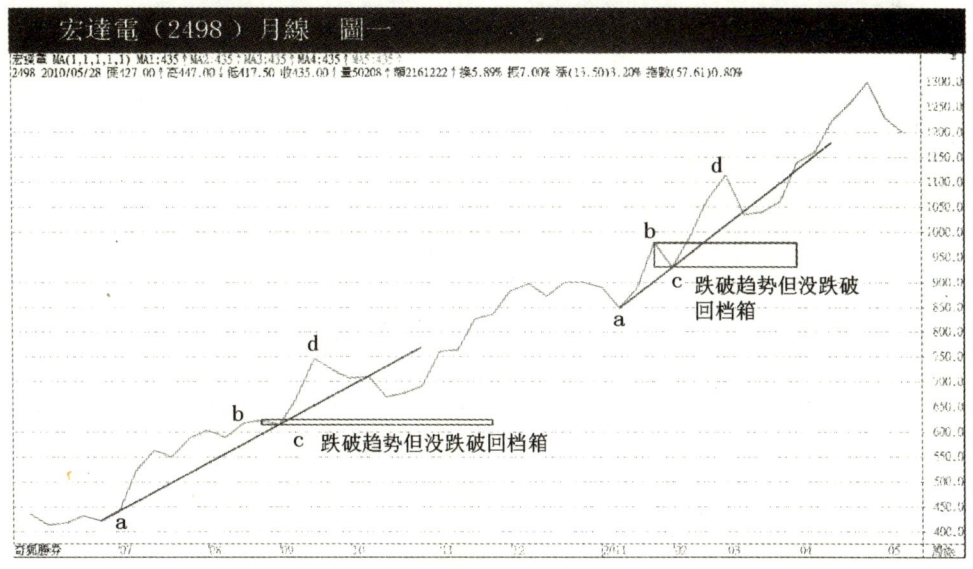

图 2-9

之后还有价差可以买回。另一种是时间上的修正，这种就是以盘代跌，因此经常卖出之后还要在用更高的价格去追回来。

从宏达电周线图我们可以找出 a 点和 c 点来画趋势线，但是读者可以发现当跌破趋势线之后，股价却没有出现较大的回档，后面再创新高又要用高价追回来，在一般的书中会称这是假跌破信号。但是经由观察发现要有较大的空间修正就会跌破 bc 这两点所形成的回档箱，因此这也证明跌破趋势线并非趋势反转。

如图 2-10 所示，宏达电下跌走势的周线图，我们可以找到 abcd 四个点形成倒 N，画 a 和 c 这两个高点为下降压力线，当突破下降压力线时不代表会有较大幅度的空间反弹或者回升，因此若使用下降压力线作买卖信号很容易在盘整或者下跌中继续亏损的，若用下跌的 bc 段当作反弹箱，只要没有站回反弹箱顶则趋势不会被扭转，在图中第二个反弹箱，读者可以很清楚的看到反弹于此就是空头走势的最佳空点，后面有很多反弹箱（回档箱）的简单实用的方法，再请读者继续研读下去。

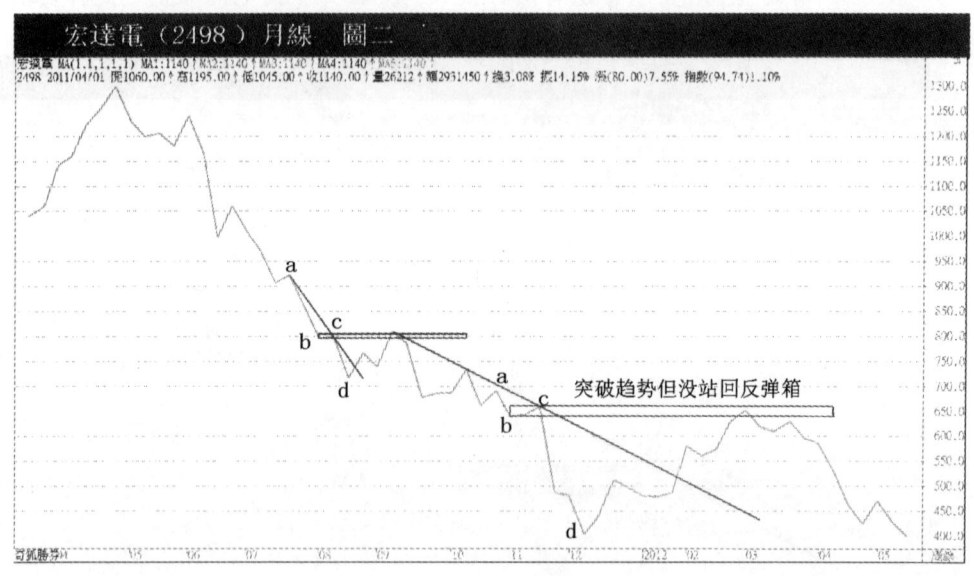

图 2-10

在股价波动中经常需要把K线所形成的高低之间的波动给画出来，如图2-11所示，但是在学习上发现很多朋友只能画个大概，每个人画出来的高低折线图不会只有一种，因此我们希望可以给予更简单轻松的方法。我们知道开盘价是众人所期待出现跳空开高或者失望出现跳空开低所开出来的价位，但是真正决战点却是收盘价，收盘价代表主力大户的心态，也代表趋势的延续与否，若持续收高就是多头延续，若持续收低就是空头延续。因此收盘价的连线是很有意义的线图，收盘价的连线也会有高低起伏，因此只要在K线图上把均线设定为MA1就会看到下图所示的波动图，读者可仔细的看浅蓝色的上下波动就跟上图所画的高低折线图有异曲同工之妙，但是上图的高低折线图是每看一个标的物都要去画的，若改成收盘线的连线，则只要设定好参数所有图都可以一目了然的解说其涨跌盘三种盘态了。

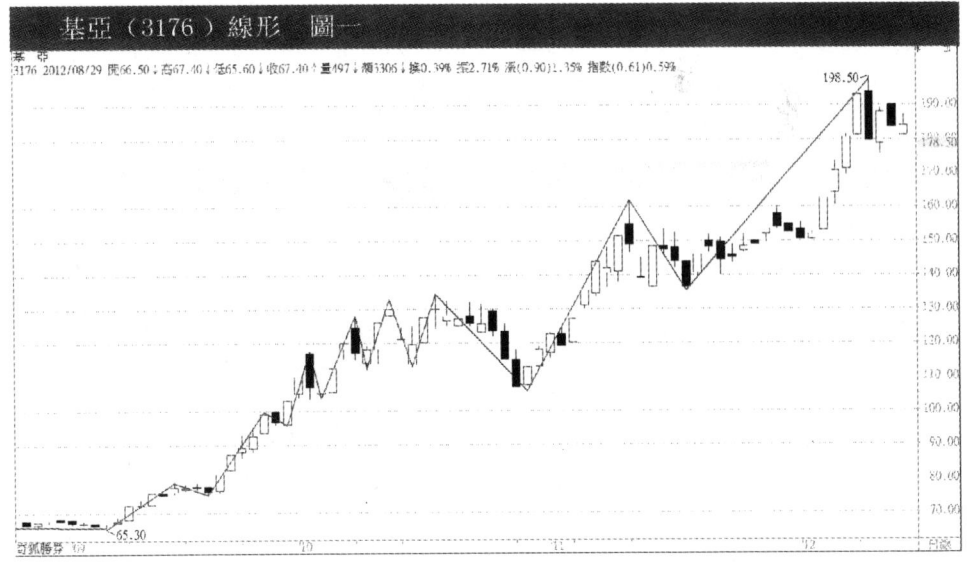

图2-11

如图2-12所示，若再把K线图直接换成只显示收盘价的线图就会看到图2-13所示，这样的线形有如电脑帮我们画好的股价波动图，由这张图我们可以看出是收盘越来越高的多头走势，读者继续研读下去就会发现这 ma1 所形成的折线图还有很多妙处与功用。

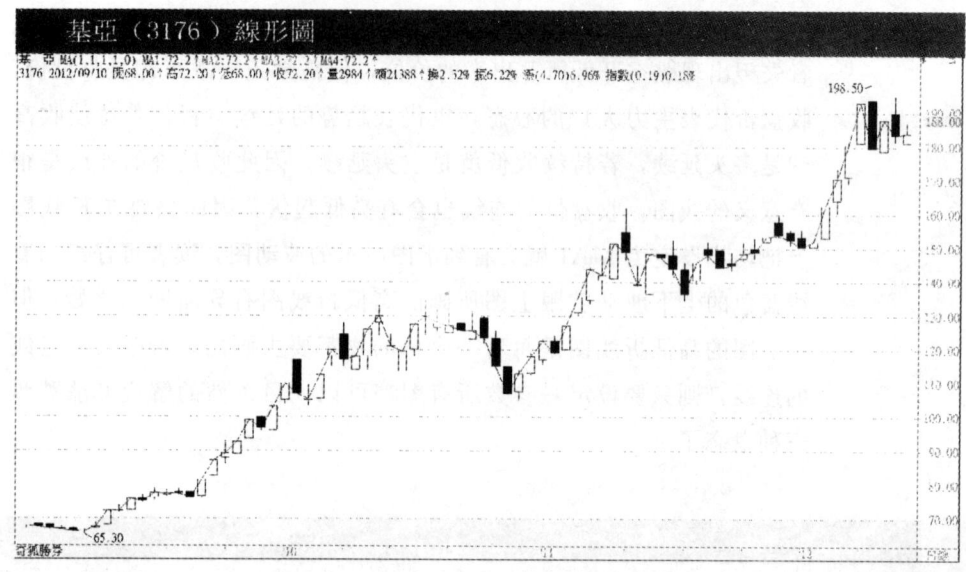

图 2-12

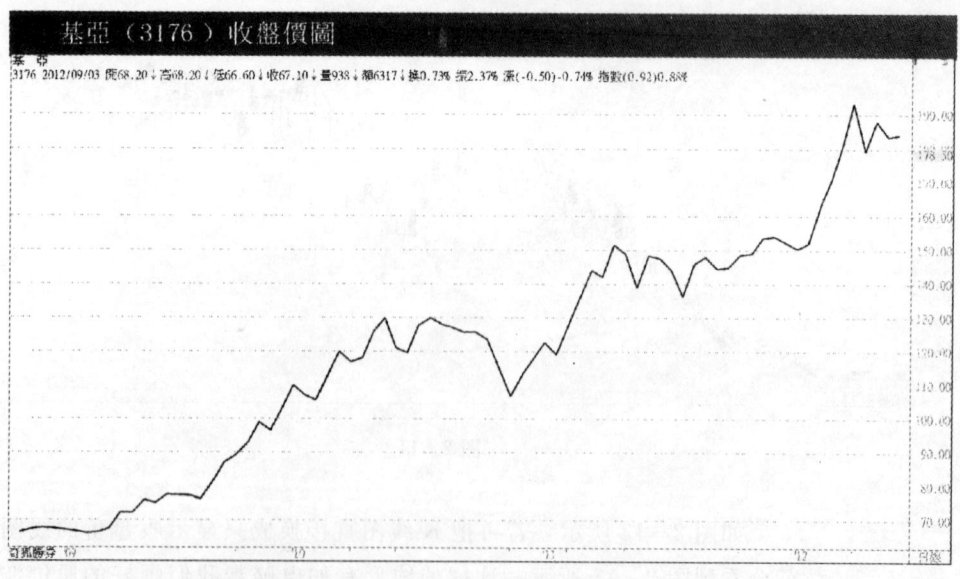

图 2-13

五、趋势箱之研判

空头趋势就是不断的破底创新低，且反弹又无法过前高，因此有一天不再破底才有机会扭转原趋势，同理多头趋势就是不断的创新高，且拉回不破前低，因此直到有一天无法再创新高才有机会扭转原趋势。如图2-14所示，建兴电我们把每一段的低点给予连线，我们可以发现红色的阶梯状不断的往下就是空头趋势的持续延伸，直到红色的阶梯状能开始垫高往上爬楼梯，此时才是扭转空头趋势转成多头趋势。

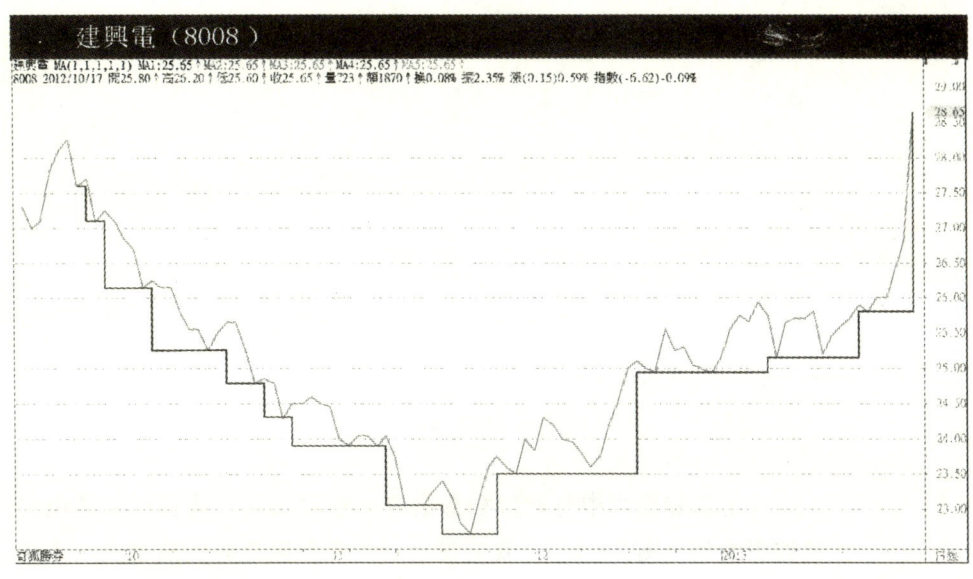

图2-14

从图中读者也可以发现箱底（低点）与箱底（低点）之间的距离越远，都不容易扭转原趋势，直到有一天箱底（低点）与箱底（低点）之间的距离比前面那一段距离短时才有机会。另外，读者也可以发现箱底是后面反弹的第一个压力，没过之前都是跌势，过了才会转成盘跌走势。

如图 2-15 所示，我们再多加高点之间的连线，整体的波动就在这两个红色阶梯状所包围着，当箱顶（高点）创新低且箱底（低点）也创新低就是空头走势，直到有一天箱顶（高点）过前高且箱底（低点）不再破前低才有展开多头走势的契机。再搭配前面的反弹箱与回档箱的观念，下跌走势其反弹箱没有收过前都没有机会扭转原趋势，上涨走势其回档箱没有被跌破前都没有机会扭转原趋势。

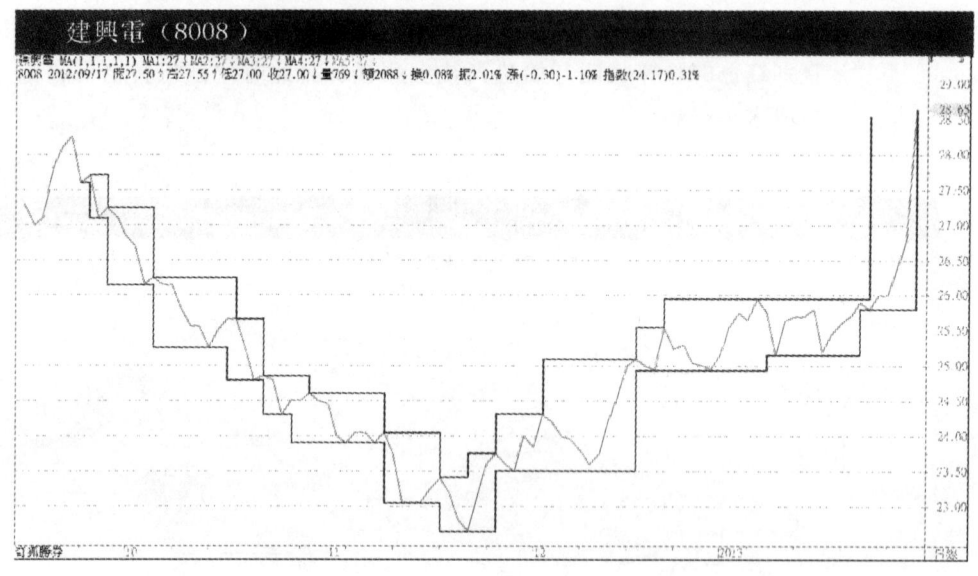

图 2-15

在上涨趋势当中每次回档都会有回档箱出现，我们以宏达电的周线图为例（图 2-16），我们发现每次回档箱之间距离越大，多头力道越强劲，另外只要回档箱之间没有重叠都是涨势。同理，下跌趋势中每次反弹都会有反弹箱出现，只要反弹箱之间的距离越大，这意味着空头趋势越强劲，不能因为跌深就去抢反弹。再者，只要反弹箱之间没有重叠的都是跌势。

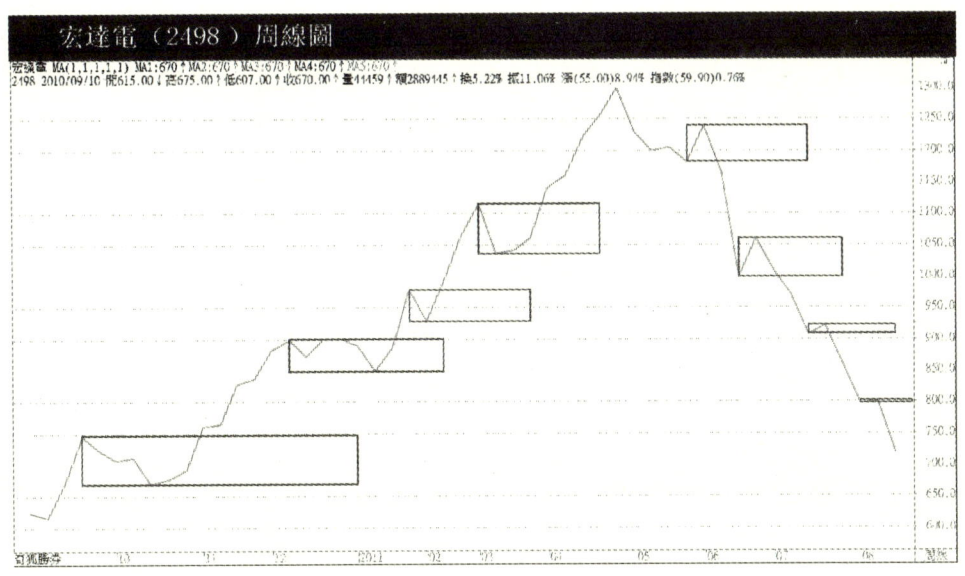

图 2-16

六、修正与缺口的定义

（1）股价向上波动中回档的一折，与股价向下波动时反弹的一折皆叫作修正。

每一折修正皆包含其细波的一波修正波动；反之，每一波修正波动皆可化为其次级波的一折修正。

画修正箱时以此"一折修正"为画箱标的（图 2-17、2-18）。

（2）向上波动时，一折回档修正后未能收过箱顶续涨即折回，其折回前的高点 d 与箱顶 b 点之间的空隙称为止涨缺口（图 2-17）。

缺口出现即是修正波动的启动，也有机会是多空波动逆转的起点。

（3）向下波动时，一折反弹修正后未能收破箱底续跌即折回，其折回前的低点 d 与箱底 b 点之间的空隙称为止跌缺口（图 2-18）。

缺口出现即是修正波动的启动，也有机会是多空波动逆转的起点。

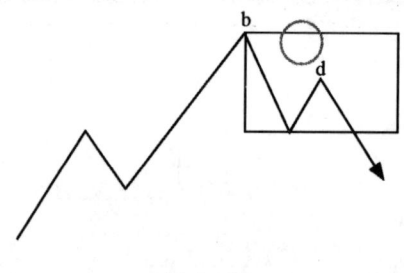

图 2-17

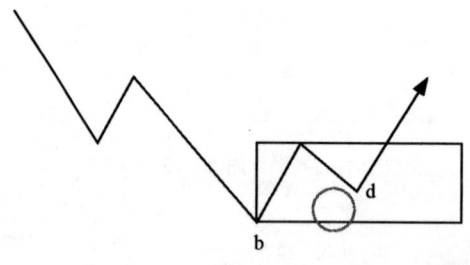

图 2-18

七、缺口及阻断与次级波一折修正的关系

（1）细波缺口出现一定是次级波进行一折修正，但次级波一折修正不一定先有细波缺口（但通常会收破（或收过）次级波均线），如图 2-19 所示。

（2）次级波修正不一定是细波波动阻断。b 点有守就能顺利转浪，如图 2-20 所示。

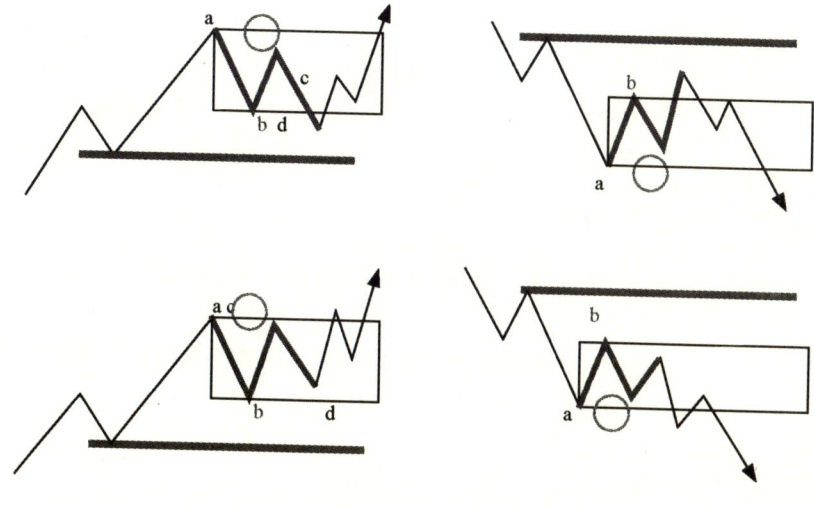

图 2-19 有缺口

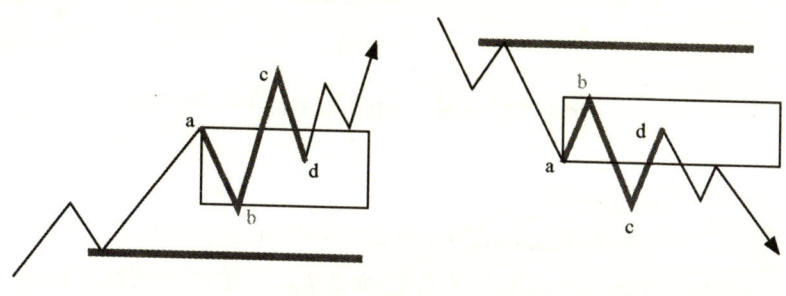

图 2-20 无缺口

八、次箱、阻断、收复与转浪的定义

（一）次箱

（1）在上涨波动中，次高点的回档修正箱称为次高回档箱或叫上涨次箱（图 2-21）。

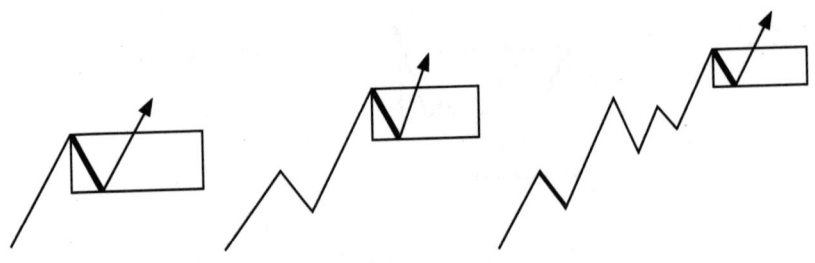

图 2-21　粗线处为次高回档箱或叫上涨次箱

（2）在下跌波动中，次低点的反弹修正箱称为次低反弹箱或叫下跌次箱（图 2-22）。

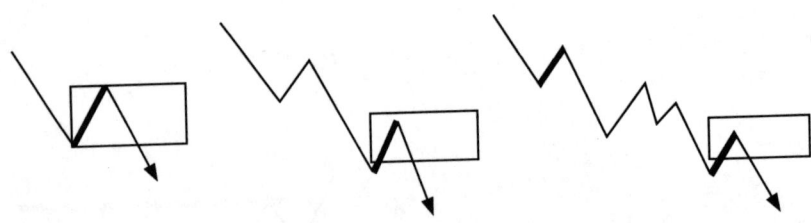

图 2-22　粗线处为次低反弹箱或叫下跌次箱

(二) 阻断

（1）在上涨波动中，收破次箱底视为上涨波动的趋势动力被阻断。代表一波向上的趋势波动完毕，开始回档做修正波动（图 2-23）。

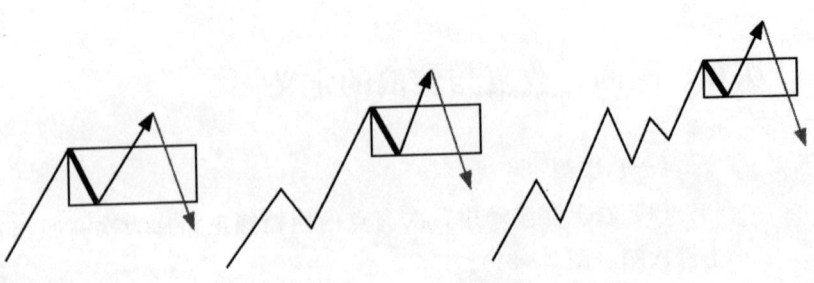

图 2-23　上涨波动阻断

(2) 在下跌波动中，收过次箱顶视为下跌波动的趋势动力被阻断。代表一波向下的趋势波动完毕，开始反弹做修正波动（图2-24）。

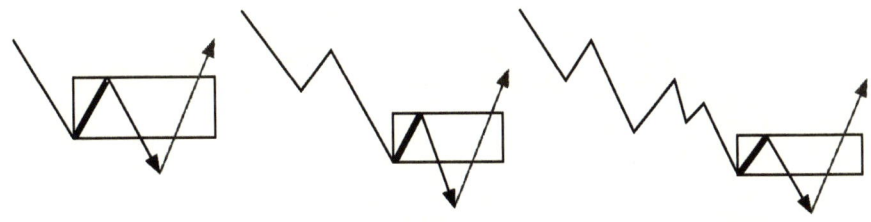

图2-24 下跌波动阻断

(三) 收复

(1) 上涨次箱底收破后，重新站上而不再跌破，称为多头次箱收复。简称收复。有重回多头的象征意义；

(2) 下跌次箱顶收过后，重新跌破而不再收过，称为空头次箱收复。简称收复。有重回空头的象征意义（图2-25）。

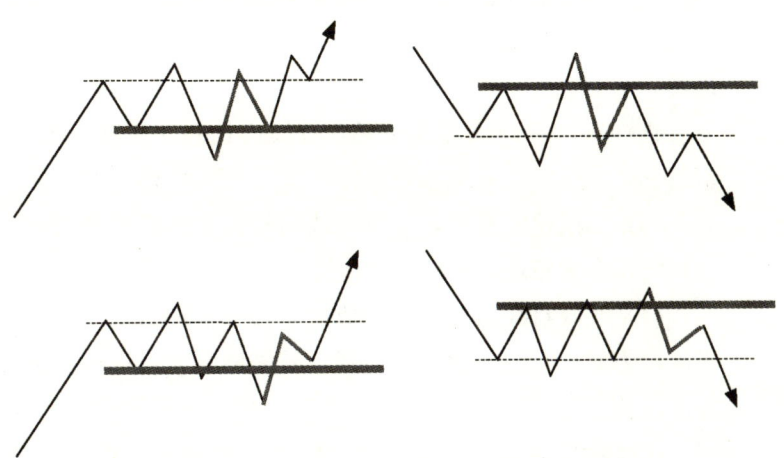

图2-25 黑色粗线是次箱，黑色粗曲线代表收复

(四) 转浪

转浪是指某级数的一折修正后，回复原趋势走向成为正N或倒

N形态之谓。如图2-26所示，细线是细波的三次不同方向转浪，粗线是次级波转浪。

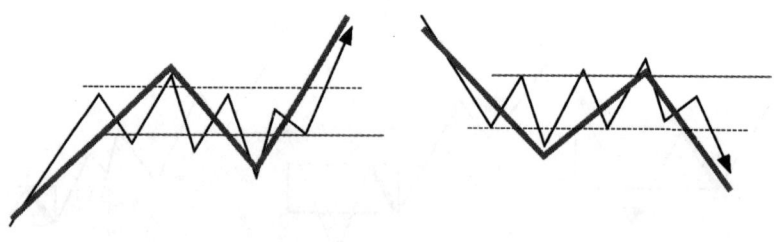

图2-26

九、基本进出操作与停损

（一）缺口进出法

（1）当股价下跌波动时，以收盘线反弹低点为箱底及以收盘线反弹一折之高点为箱顶，画反弹修正箱。

（2）当收盘线回跌时未能收破箱底从而转折向上，称为出现止跌缺口为买进时机。买进后，若未能收过箱顶或收过又破，应立即出场。

止跌缺口现，虽是买进时，后续应过顶，止跌乃为真（图2-27）。

（3）当股价上涨时，以收盘线回档高点为箱顶及以收盘线回档一折之低点为箱底，画回档修正箱。

（4）当收盘线回升时未能收过箱顶从而转折向下，称为出现止涨缺口为卖出时机。融券卖出后，若未能收破箱底或收破又过，应立即回补。

止涨缺口现，虽是卖出时，后续应破底，止涨乃为真（图2-27）。

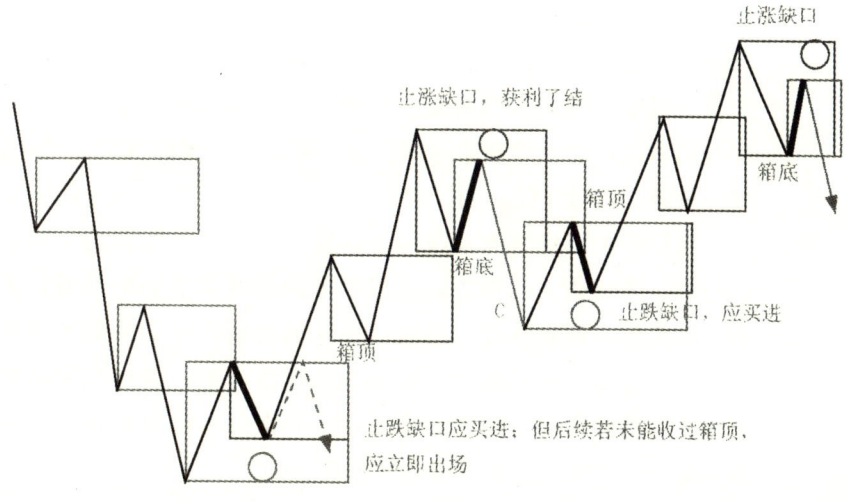

图 2-27

十、结论

虽然说一生万法，万法归一。如果不解万法之所以生，实难达"归一之妙用"。本来，一分用心得一分收获；十分用心得十分收获；这本是亘古不变的道理。基于篇幅所限，本书只能介绍箱波均的基本逻辑，也只教读者基本的操作方法。希望将来有缘发表更多更深的箱波均操作理论。

虽然说只介绍基本的逻辑与操作方法，但让我想到殊胜的"念佛法门"，上智下愚皆能受用。盖上智者彻悟而不疑，肯依教奉行；下愚者力不及疑，有缘而得，既得能信，亦依教奉行；故而皆能受用。又如，先人留下名店，子孙若能创新固能发扬光大；虽不能创新，如能坚持先人秘方保持好品质，亦能守成。

前面说"箱箱过破是转浪，转到尽头缺口现；止涨缺口宜卖出，止跌缺口要买进。缺口最佳买卖点，缺口总在次箱处。"实际已点出"一生万法，万法归一"的"妙一"。读者若能完全依照信号进出与停损，不参杂任何猜测与妄想。没有缺口信号时，如如不动，缺口信号出现，才下手。虽不保证大赚，小赢不难。

所以任何投资操作的成功条件，皆以遵守纪律为第一，要完全依照信号行事，该进则进该出则出该停损则停损，绝不加入自己的想象与固执。因为系统的操作机制是经过深思熟虑及无数的验证而得到的理论，自己的想象与固执是一时所生的情绪反应。孰优孰劣，孰可信孰不可信不是一目了然？

可以影响市场的因素很多，以致多空趋向可能瞬息生变，这是我们第一个要建立的观念；不但不可固执原本的趋势规划，还要随时因应变化，调整规划。能利用系统的机制，来研判市场的变化并立即顺应变化，才是赢家。在所有操作系统上，面对所谓该涨不涨及该跌不跌的情况，叫作异常。发生异常时，经常是多空逆转的关键时刻，一定要认真面对并立即处理。

一般投资者最难做到的是停损。一者在心态上不想发生赔钱记录；二者心里还存着当初买进时预计获利的憧憬，生怕卖错了美梦就破碎了。而事实上是：

（1）停损就是不让损失扩大。所以卖对了可以防止大赔，卖错了只是小损。

（2）市场上适合投资的标的与时机永远都有，卖错了另找标的与时机再投资又何妨？所谓"留得青山在，不怕没材烧。"不就是这个意思吗？

（3）不想发生赔钱记录是最愚痴的执著。我们常说开源节流，会错的人只把重点放在节流，变成吝啬之辈。真正意义应是同时把"应有"收入放大，把"不当"支出缩小。所以经营之道在于营业收入大于成本支出，非不支出！投资之道在于投资获利大于投资损失，不怕小损！记录只是过程，最后的加减合计才是结果。如果正常时大赚，异常时小赔，合计结果当然是获利。

所以想要成为股市赢家的读者请先记住：遵守纪律是必定的，市场趋势是变化的，小赔大赚是必要的。

金刚经上说："应无所住，而行布施。"这是要成为真正大菩萨所必备，也是成佛所必备。

在这里我们一样可以说："应无所挂碍，而执行箱波均操作。一切依照讯号进出，绝不加入自己的情执。"这是想要进入股市所必备,也是赢家所必备。

十一、箱波均控盘战法粉丝来信

Davidyu

我对箱波均的心得如下:以前看过 Nicolas Darvas 的有关箱型理论书,不过不太清楚箱型是怎么形成的。看完版主的箱波均影音资料后才知道原来箱子是由回档波或反弹波高低价位(收盘价)画出来的。

巨石强森

箱波均分大的级数和小的级数,可以用大的级数来保护自己,来顺向做小的级数也可以用来抓转折,当止涨缺口或止跌缺口出现时,往往能提早一步发现转折的信号就可以先试单,不用等破箱之后再去追。

箱波均赚钱密码

私秘系统要公开,如理如事说偈言:
市场现象本如是,真心观察得领悟;
非经创造而形成,不以妄想执著生。
股价涨跌成 N 字,连续 N 字转成波;
层层波动层层均,层层均有层层箱。
箱箱过破是转浪,转到尽头缺口现;
缺口现形望次箱,次箱既失逆转浪。
不同方向箱连箱,缺口次箱史重演;
止涨缺口宜卖出,止跌缺口要买进。
缺口最佳买卖点,缺口总在次箱处;
若能进出依此行,箱波均可积财富。
系统主张逸待劳,如香扑君心神怡;
就像极乐信愿行,福德因缘乃得之。

第三章
ETF 实战范例（箱波均征战上证指数）

从 2013 年 6 月 30 日至今上证如何抓到底部与主升段的回顾，对于上证的 ETF 操作又很大的帮助。

回顾：2013 年 6 月 30 日提出上证要一路发。在箱底买进以逸待劳，就能抓到发动点呢，从此股价越垫越高，直到喷出（图 3-1）。

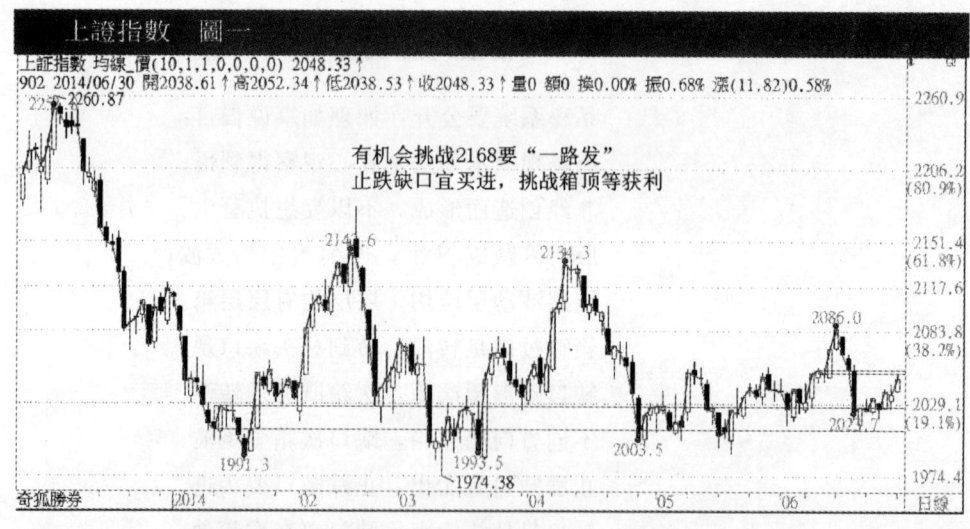

图 3-1

一、上证指数案例

如图 3-2 所示，提及只要过而不破箱波均颈线，则主升段喷出开始，结果后面真的出现过而不破，造就最近几个月的直线喷出，也让全世界都知道上证股是"超级牛"！

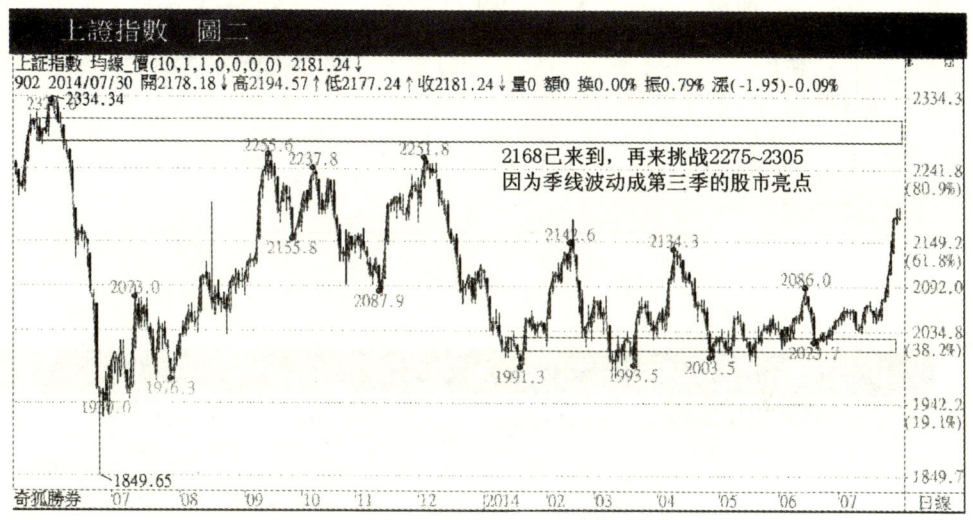

图 3-2

如图 3-3 所示，我们看一下把关键处给往右延伸，证明给各位读者与粉丝看看，期股权胜箱波均，如何以逸待劳擒主升。

如图 3-3 所示，我们规划在关键处做修正波动，之后再过而不破往上就是走主升段喷出，一直走到 2015 年还持续创新高。

看图 3-3 与图 3-4 对比，后面的走法跟上面如出一辙，当这个回测不破，去买上证的 ETF 则可以获利满满。

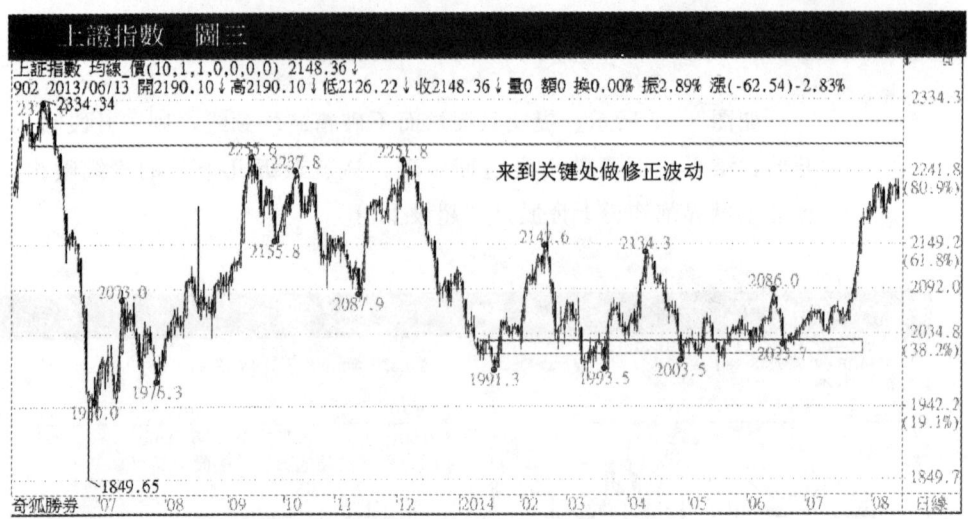

图 3-3

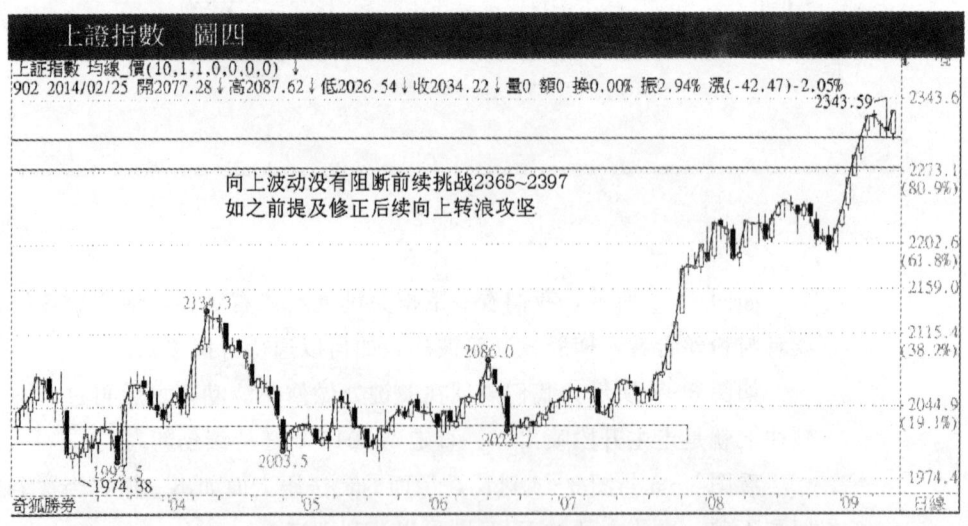

图 3-4

如图 3-5 所示，我们继续往右边看，确实过而不破箱波均的关键次箱，后面的喷出比前面又快又急，幅度又大，经常看到 3%～5% 的大振幅呢。

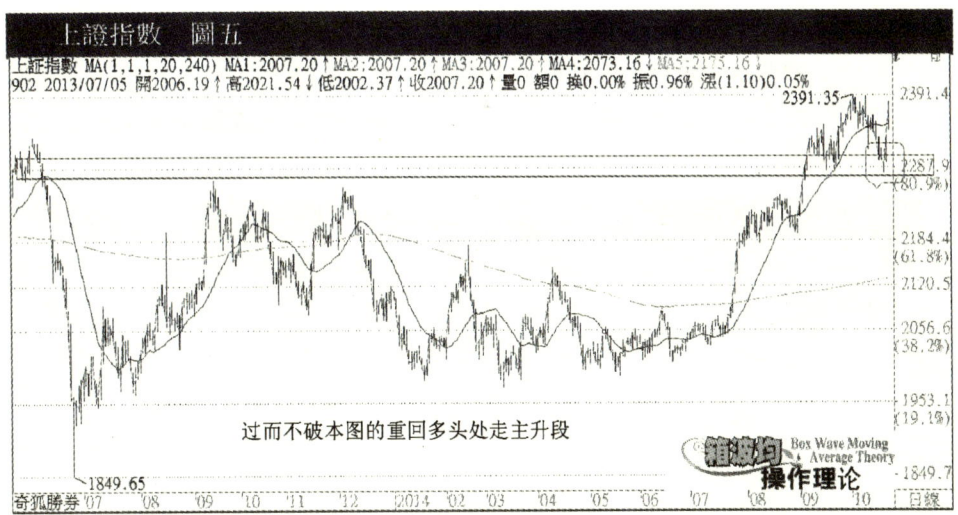

图 3-5

当我们知道上证是季线波动,就知道最少上涨走势有一年半载,操作波段的人就是希望找到能抱一段时间,不需要盘中盯盘就能赚钱的方法,箱波均的级数定义与操作为不盯盘也能大赚的工具之一(图 3-6)。

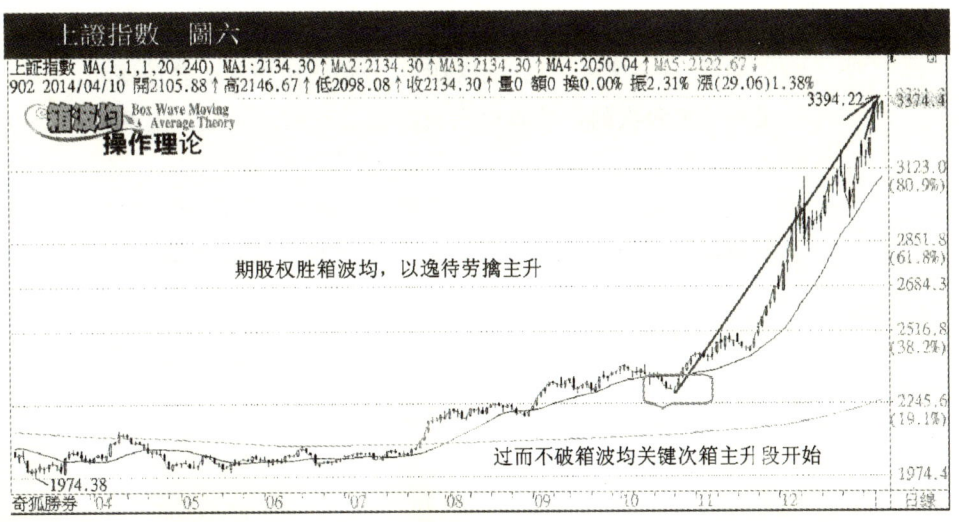

图 3-6

当您知道符合哪个条件式是主升段，那就要大波段的操作，才能获取倍数利润。这时候可以选择的就是跟上证连动的ETF，我们看下图的上证50ETF是最近几个月和一周的超级飙股啊（图3-7）。

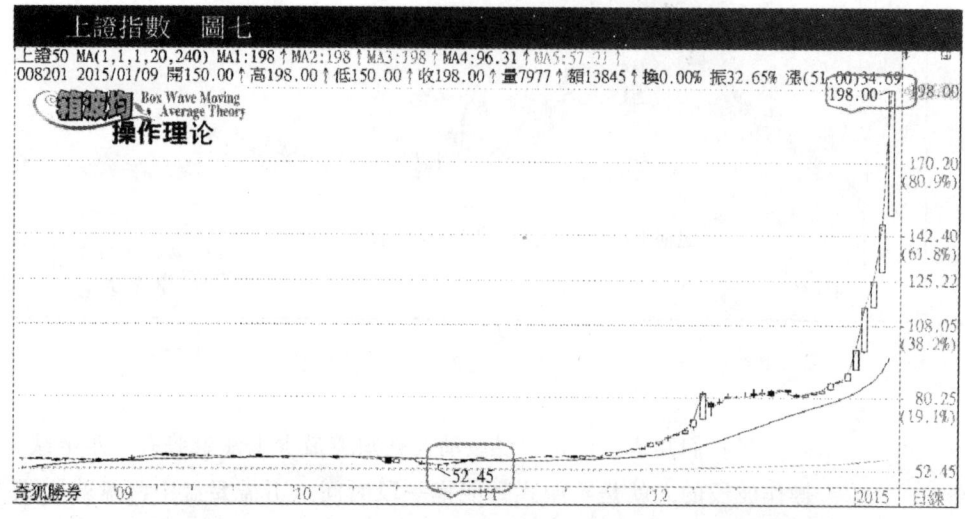

图3-7

我们若在10月底去买进上证50，后面涨到198元，大约可以赚3倍以上，这就是操作跟指数商品相关的ETF的好处。

如图3-8所示，也可以利用五分钟的回档箱的移动停利，我们会发现只要每次的回档箱底没有收破前面的次箱底，上涨趋势动力依旧。

当股价往上涨幅越来越大，若怕趋势被扭转，可以利用分钟线的回档箱往上移动停利，这样就可以更快的减码获利出场（图3-9）。

第三章
ETF实战范例（箱波均征战上证指数）

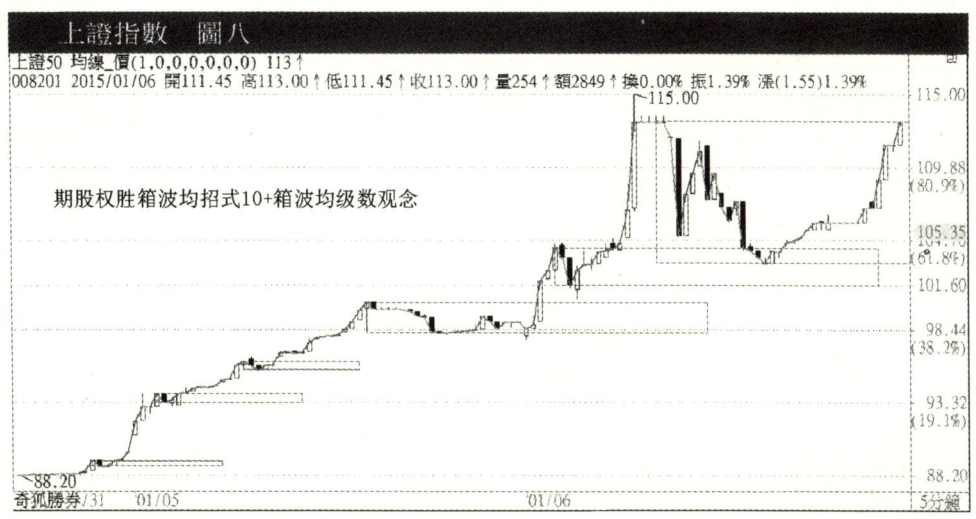

图 3－8

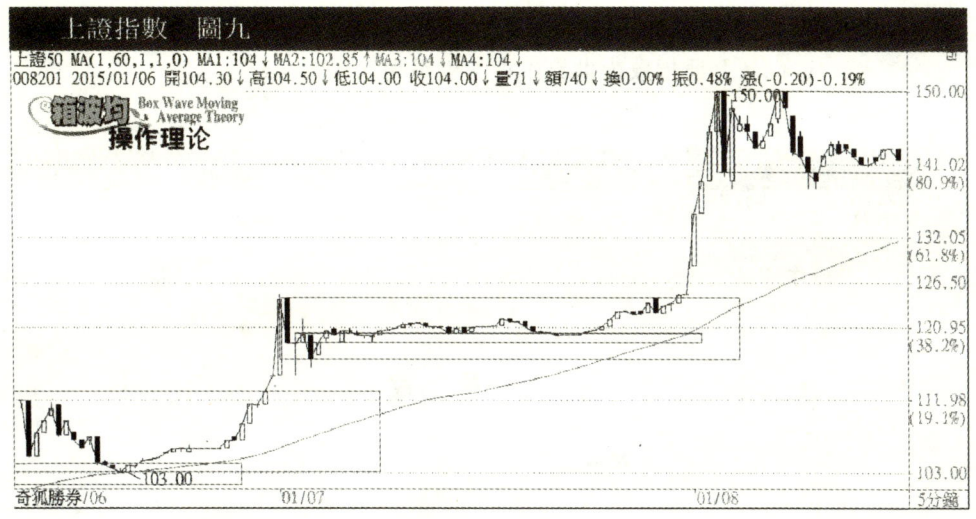

图 3－9

如图3－10所示，短线如何切入呢？只要回档箱底站回或者不破回档箱，MA1往上一勾就可以买入赚价差。

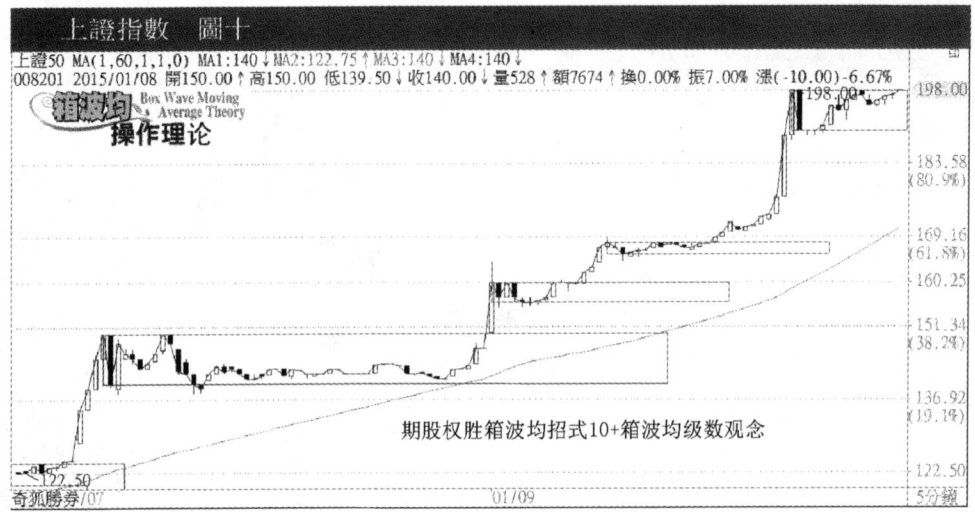

图 3-10

如图 3-11 所示,我们看另一档的上证 2X,我们依然在 11 月作买入,到高点 49.10 元也有一倍的利润,这短短的一个多月就达成,这也是上证指数为世界牛指的创举啊。

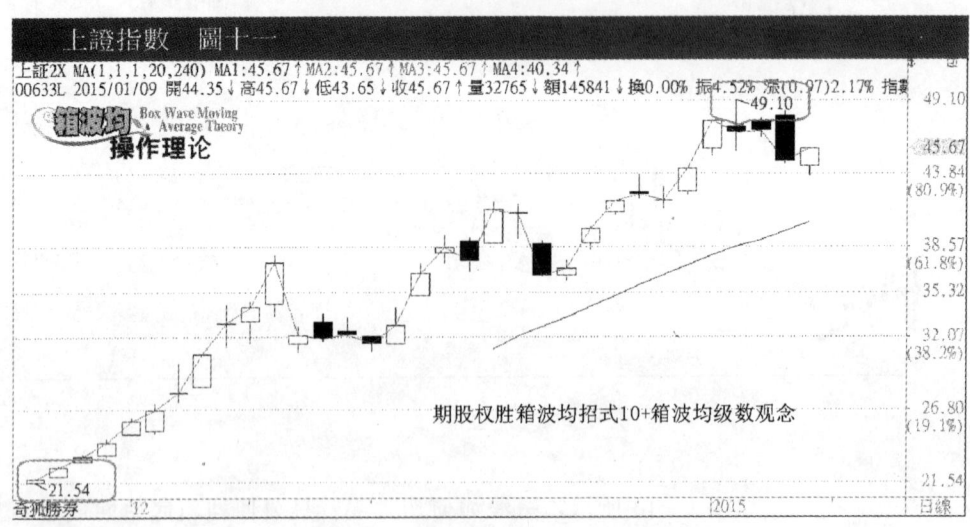

图 3-11

第三章
ETF实战范例（箱波均征战上证指数）

如图3-12所示，我们来看元上证的ETF一样在10月底进场，也是有八、九成以上的利润，只要选择连动性高的上证指数ETF都能赚到这一波主升段行情。

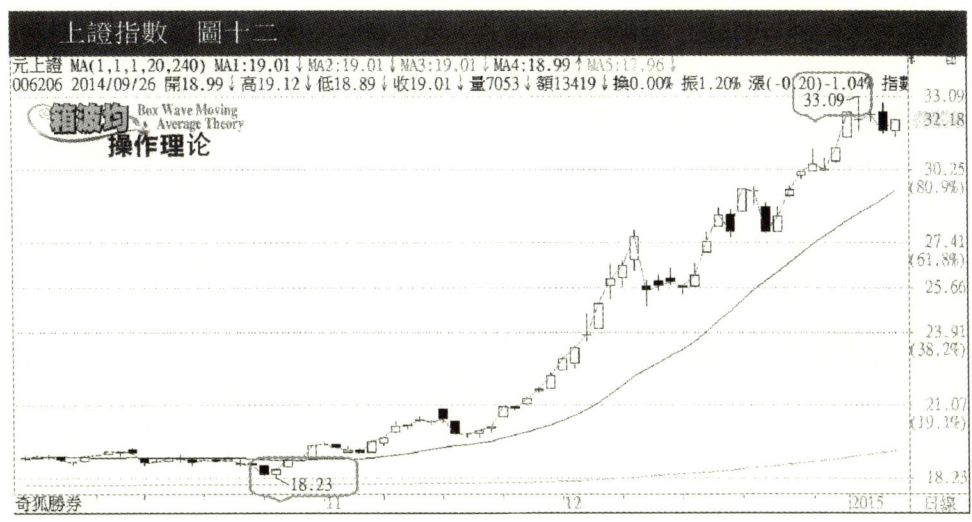

图3-12

二、箱波均征战外汇

如图3-13所示，图可以看到台币只要出现过顶不破顶，后面走轧空的走势机率最大，因此只要看到过顶不破顶就试单买进，后面轧空就大赚，若出现异常顶多就是小损罢了。

如图3-14所示，我们知道一旦站稳30.49元会先往32.21元附近挑战，一旦站稳32.21元就会往34元以上作挑战。这就是箱波均的箱底箱顶潇洒走几回的招式。

如图3-15所示，台币在30元时我们在2014年10月底发表会讲往32元做挑战，我们发现几个月后，股价真的来到32元之后才开始做震荡拉回，这就是箱波均能提早推演后面的关键点位的犀利之处（图3-16）。

箱波均控盘战法

图 3-13

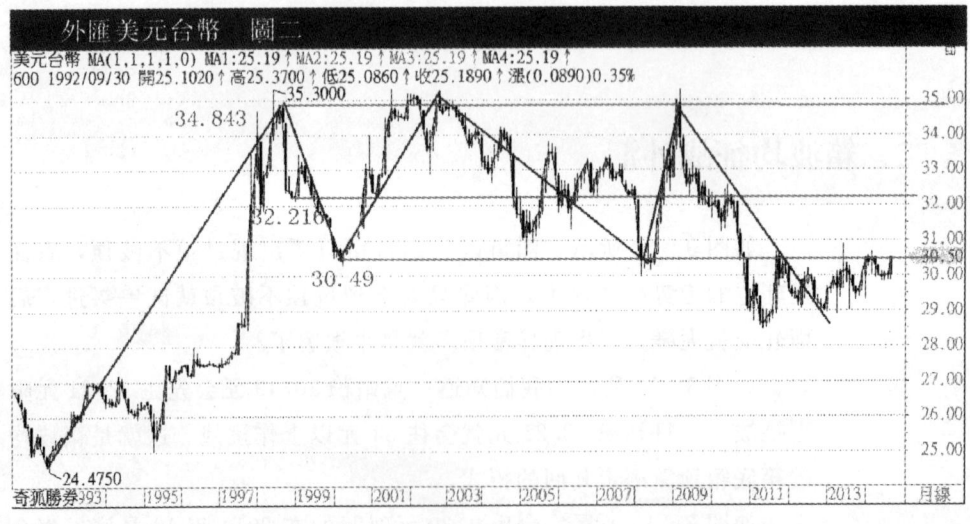

图 3-14

第三章
ETF实战范例（箱波均征战上证指数）

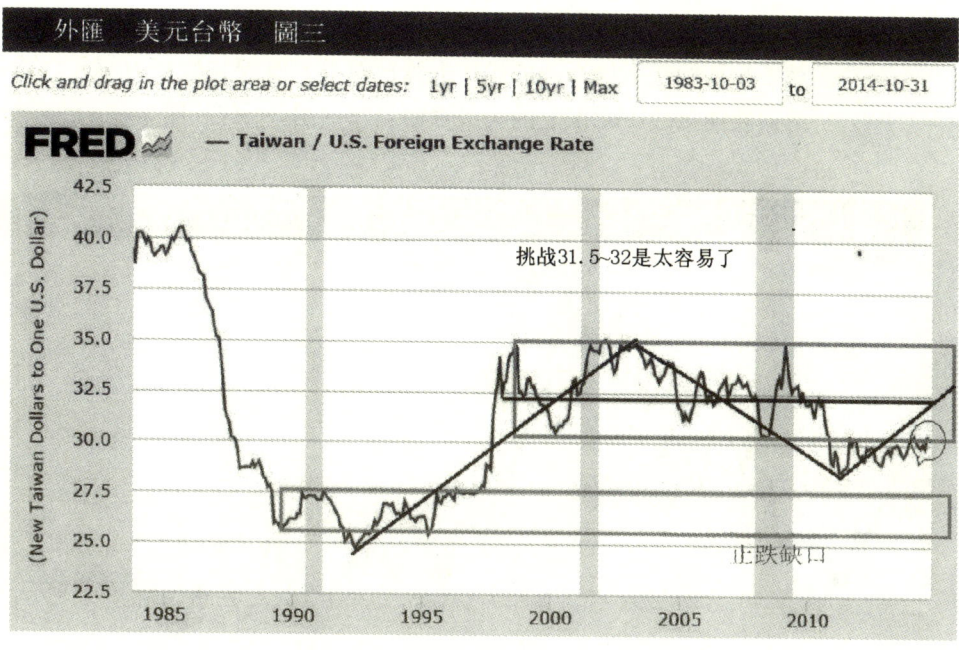

图 3-15

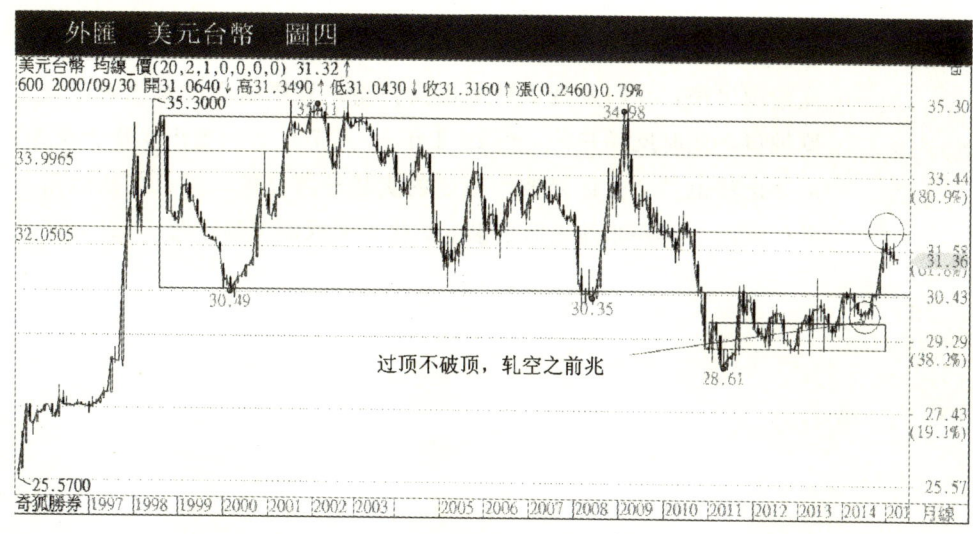

图 3-16

看上面 2014 年 10 月底出现箱底站稳之后，我们提出往 99.88 元挑战的机率很大，过了几个月后，美元的高点来到 100.39 元，这就是箱波均在上图所画的挑战上涨次箱处，等到这边压力解套之后，后面就能挑战 110 以上的大级数的箱顶（图 3－17、图 3－18）。

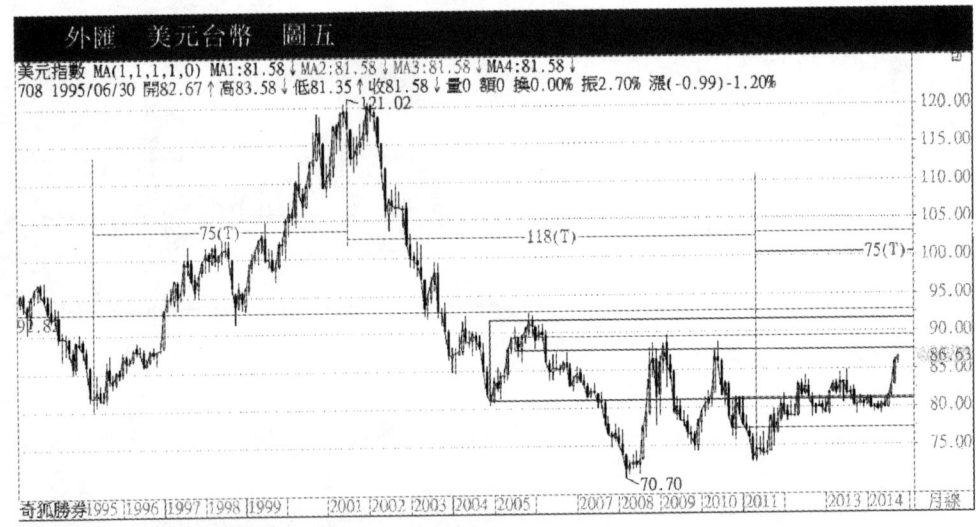

图 3－17

如图 3－19 所示，在人民币线图里面，我们可以把下跌次箱顶底给画出来，我们发现下跌画出反弹箱，只要箱底没有收破出现止跌缺口，此时反弹开始，于 2014 年 11 月 7 日我们提出要往上反弹，后面走势也再度验证箱波均战法的实战是可靠的，是可灵活运用在任何商品中，并非理论而是很生活化可实战的工具（图 3－20）。

第三章
ETF实战范例（箱波均征战上证指数）

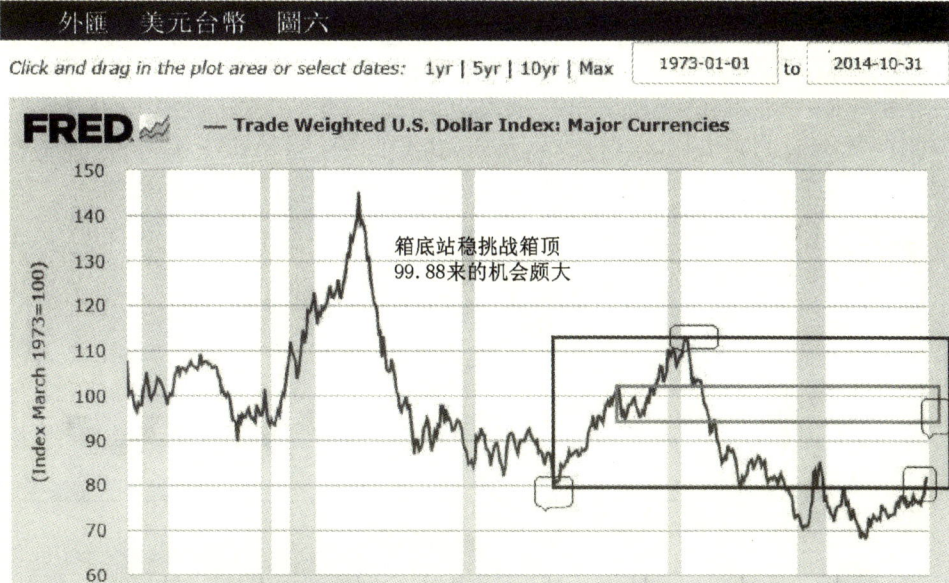

图 3-18

图 3-19

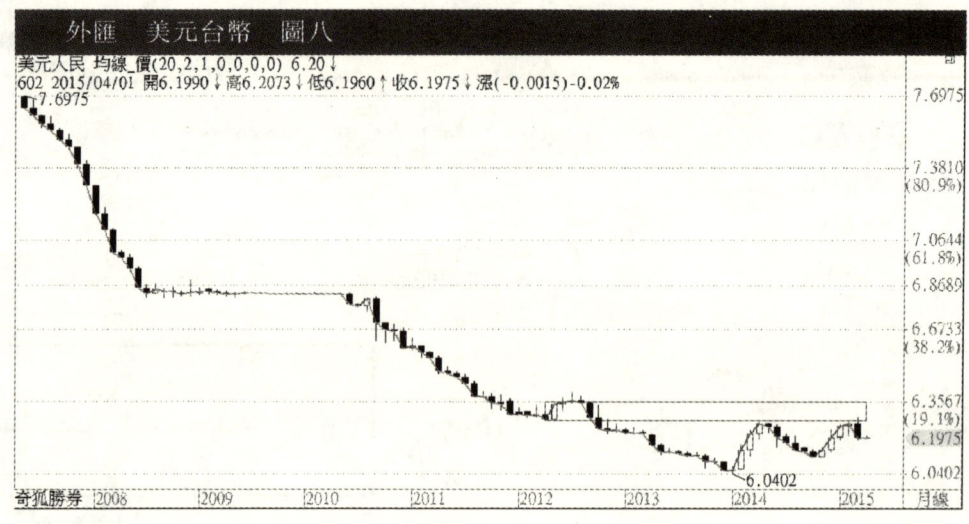

图 3-20

三、箱波均征战原油

如图 3-21 所示，为伦敦布兰特原油的日线图，我们可以很清楚的看出当破而不过上涨次箱底，出现杀多之前兆，正常可以空在

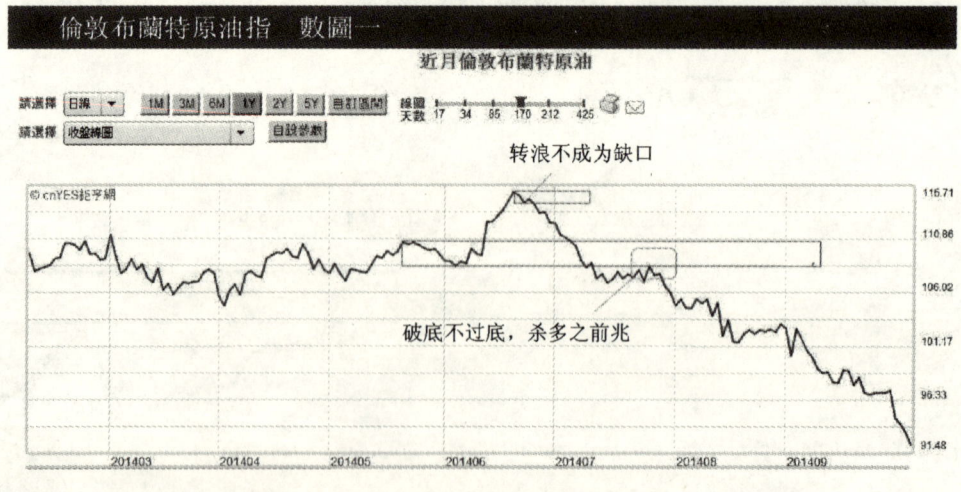

图 3-21

106之上。

如图3-22所示，为伦敦布兰特原油的周线图，我们可以看到一个M头的颈线，其实就是箱波均的关键次箱的箱顶处，当股价破而不过箱顶，依照箱波均战法就是往箱底7x～5x做测试。

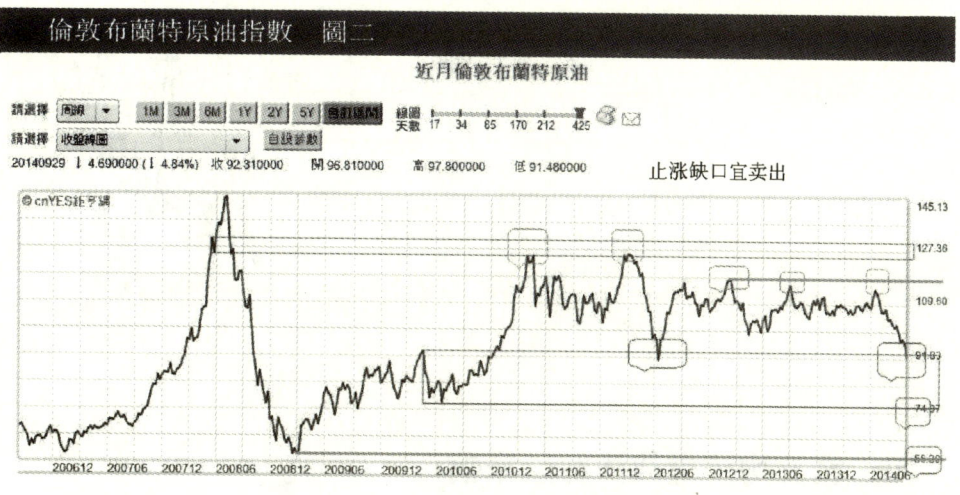

图3-22

如图3-23所示，为伦敦布兰特原油的月线图，我们可以知道这一段下跌是非常大级数的修正，也就是时间上修正5～10年是很正常的，也就是于波动中至少会走下跌N字。

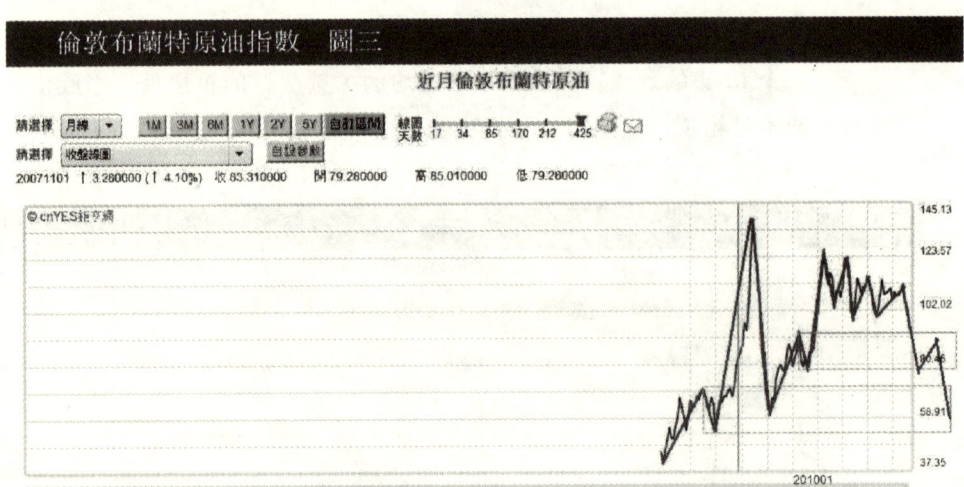

图 3-23

四、箱波均控盘战法粉丝来信

AnnaLai

其实看老师的文章很多年了，以前都会找很多高手的文章来看，后来发现只有恩师最厉害最精准，就只看恩师的文章了。原本对箱波均一知半解，后来买了箱波均的书，加上配合看老师的文章，才渐渐了解箱波均真正的涵意和操作方式，知道重点在哪里。光是缺口进出法，就是又简单又实用，我只做股票，每个月就能有2~8万不等的收入，若有幸找到飙股，更是加倍入帐，对一个家庭主妇的私房钱，真是绰绰有余了，更不用说付学费，能遇到恩师，让我能兼顾家庭与赚钱，真的是福报。只可惜家人不赞成，所以只能低调的操作，不然老师开的课，我真想每堂都去上呢！

第四章
按图索骥积财富之箱波均 SOP 战法

一、箱波均之缺口操作法 SOP

步骤一　认识生命 K 棒

孙子兵法中讲：其疾如风，其徐如林，侵掠如火，不动如山。当信号出现时要敏捷如风的迅速进出，趋势不明时要放慢脚步像森林一样缓慢摆动，速度盘出现要迅速加码直到如火烧尽才出场，防守时要稳如泰山，阴阳线没有出现败像不因利空收黑而害怕。

1. 阴阳线的均衡：从阴阳线的开高低收道出多空均衡点。

K 棒又名阴阳线，原始图形就是用黑白来分涨跌，然而黑夜与白天也简称为阴阳，最早为本间宗久所整理归纳出来的，流传的著作为：阪田战法或酒田战法。一根阴阳线之组合为开盘价、最高价、最低价、收盘价。如图 4-1 所示，收盘＞开盘为上涨画成白线，收盘＜开盘为下跌画成黑线，收盘与开盘之间的范围用粗线表示称为实体，实体距离高点的细线称为上影线，实体距离低点的细线称为下影线。

阴阳线之上下影线为短时间内多空交战的结果，下影线为当天多头的支撑带，上影线为当天多头的压力带，实体部分为大部分时间多空交战的密集区域，若收盘＞开盘称为多方暂时获胜，若收盘＜开盘称为空方暂时获胜。一日 K 棒为今日多空交战后所呈现的结果，若收盘在高低点的 1/2 处，为多空势均力敌之多空均衡点，暂时分不出多空谁强谁弱，在判别阴阳线的力道强弱，我们用使用三分力道来判断，三分力道的用法为：将某一段幅度的高低点之间由下往上简单的分成三等分，也就是分成 0、1/3、2/3、1 其中再加入 1/2 为多空均衡点。

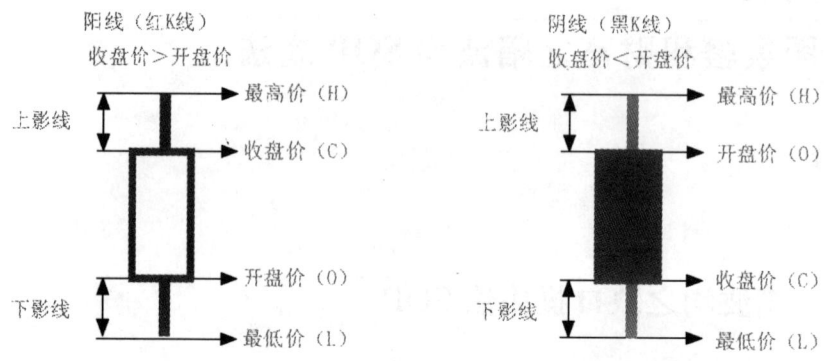

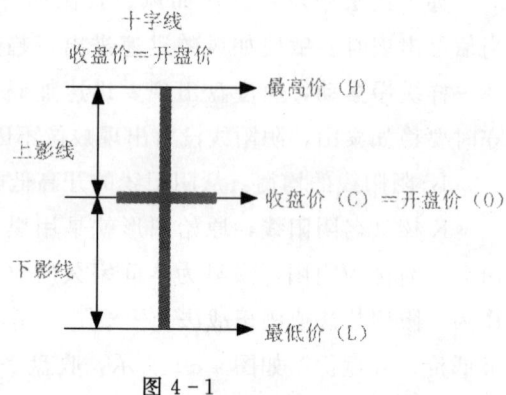

图 4-1

2. 阴阳线的强弱：将阴阳线高低点做三分法进而判断当天多空强弱力道。

如图 4-2 所示，判别阴阳线的力道强弱时，我们通常会用三分力道或黄金比率来判强弱。假设高点是 1 时，低点是 0 时，中间可分为 0.666（0.618）、0.5、0.333（0.382）。收在 0.5 之上属于多方，收在 0.666（0.618）以上叫作多方偏强势，收在 0.5 之下为空方，收在 0.333（0.382）以下叫作空方偏强势。因此阴阳线中有多空均衡点、强势、与弱势之观念就油然而生。后面章节会归纳一根、两根、三根阴阳线之各种形态，都会利用到阴阳线间的三分力道来判断不同形态名称的强弱，唯有如此才能让阴阳线变成有生命力有活力了。

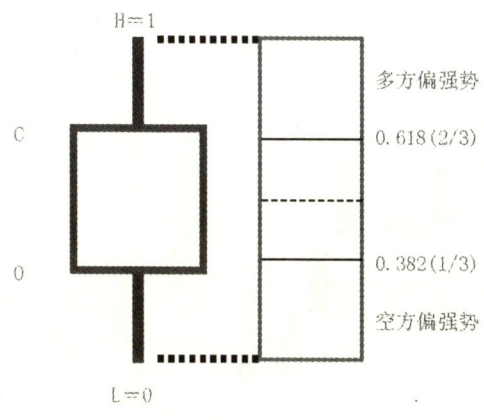

图 4-2

如图 4-3 所示，以迎辉为例，我们观察到在空头走势于圆圈处当天都是多头强势收盘，但是隔天都是很快就跌破均衡点以下而续跌，这告诉我们两件事：不可只看当根走势就判断趋势多空与为何要阐述两根与三根阴阳线的组合。

3. 阴阳线振幅：有方向与无方向的阴阳线。

一根阴阳线高低点的距离就是振幅，也就是每天可以交易到的高低点。振幅越大代表当日多空交战比较热闹或剧烈，振幅越小代表当日多空交战比较清淡或观望。依阴阳线可做组合的观念得知，由 5 天高低点的振幅可知道一周可交易的高低点，周线收盘位置可知多空的力道与强弱，上涨喷出时周线振幅通常会越来越大，开始要盘整时振幅会越来越小。

依照阴阳线的实体的长度可以分成有方向的阴阳线与无方向的盘整阴阳线。一般有方向的阴阳线其上下影线通常会很短，且其振幅至少要大于五日均振幅以上，最好可以比前面几天无方向的盘整阴阳线的振幅大于两倍以上，且是最近半个月很明显突出的长红棒

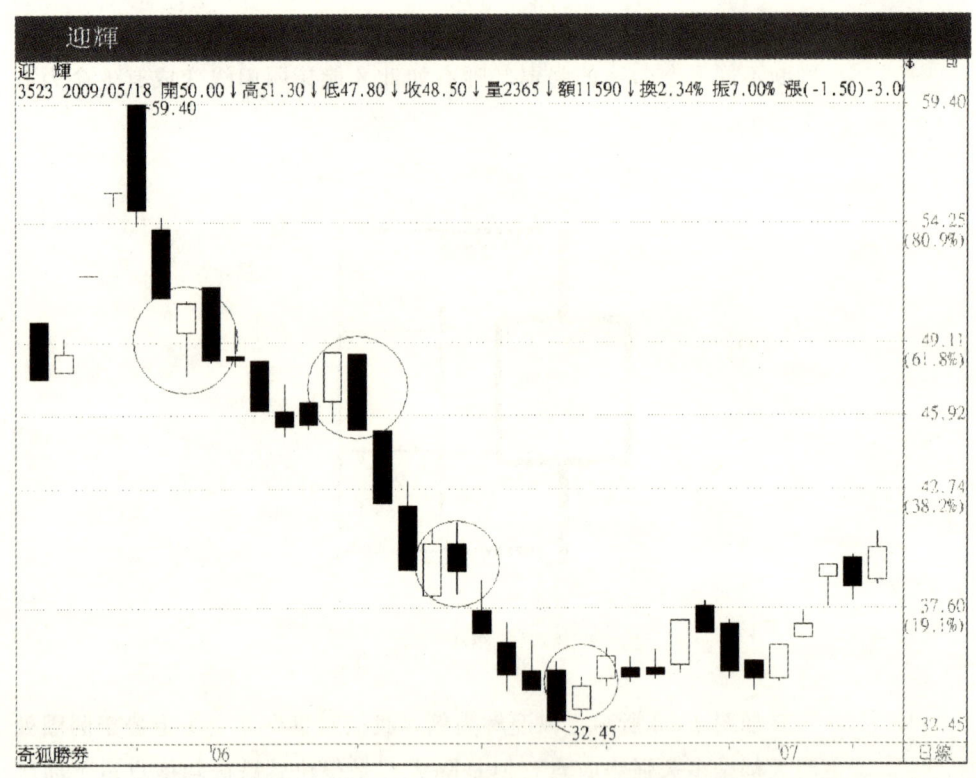

图 4-3

或长黑棒。方向阴阳线除了有多空方向的表态之外,其还可以用以目标测量。

如图 4-4 所示,为台币的日线走势图,我们发现很多下影线。在 K 线的解读上,上下影线是压力与支撑的象征,但是如上图都是一堆下影线所组成的 K 线图,您可发现七八月所产生的下影线,却形成后面的头部下跌,在下跌时频频出现下影线,若逢低买进,您会发现总是不断的破底,除了台币必还有其他的线型也是如此,因此,笔者一直思考操作要如何才能达到"如如不动,不取于相"。K 线有长红,长黑,上涨过程中看到长红很高兴认为要一飞冲天而过于乐观,看到长黑很紧张以为要反转造成过于悲观反而抱不住波段行情,因为看到红黑与上下影线这些相,而造成心理状况的喜怒哀乐，使得心中忐忑不安，这样如何能如如不动呢？

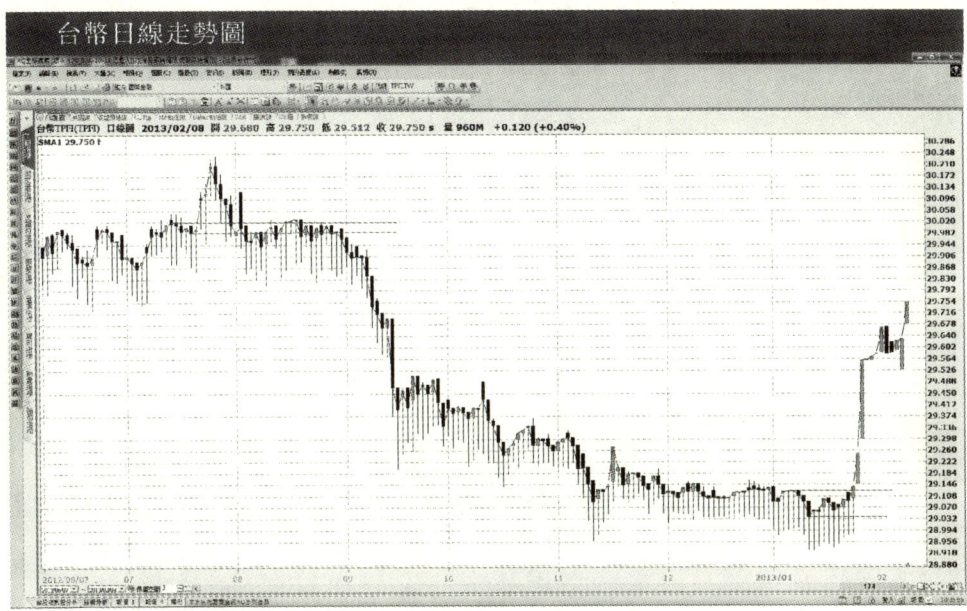

图 4-4

收盘价就如滤波器过滤杂讯，高低点如 K 线图的上下影线只是盘中多空交战瞬间的情绪所产生的痕迹，并非真实的胜负关键，收盘之后才见真章，因此收盘价具有高度的参考价值。

若只看一个收盘价的连线，其所形成的波动是很清楚的连续 N 字与连续倒 N 字的循环，借由次箱的研判可以简单的捕捉发动点与转折点。打个比方，今天是红 K 线但是收盘价比昨天的收盘价还低，在收盘价的连线是往下的，但是投资者看到红 K 线心中会安慰自己，低档有人照顾所以收红 K 线。同理，今天是黑 K 线，但是收盘价比昨天收盘价还高，但是投资者看到黑 K 线心中会认为有卖压，再看今天的量能出大量，心里就开始忐忑不安了，因此我们希望以收盘价的连线作控盘，所谓制心一处，无事不办。

（1）如图 4-5 所示，从台币日线图把 K 线图改成收盘价的连线，其上下波动是不是比 K 线图还清楚明了呢！

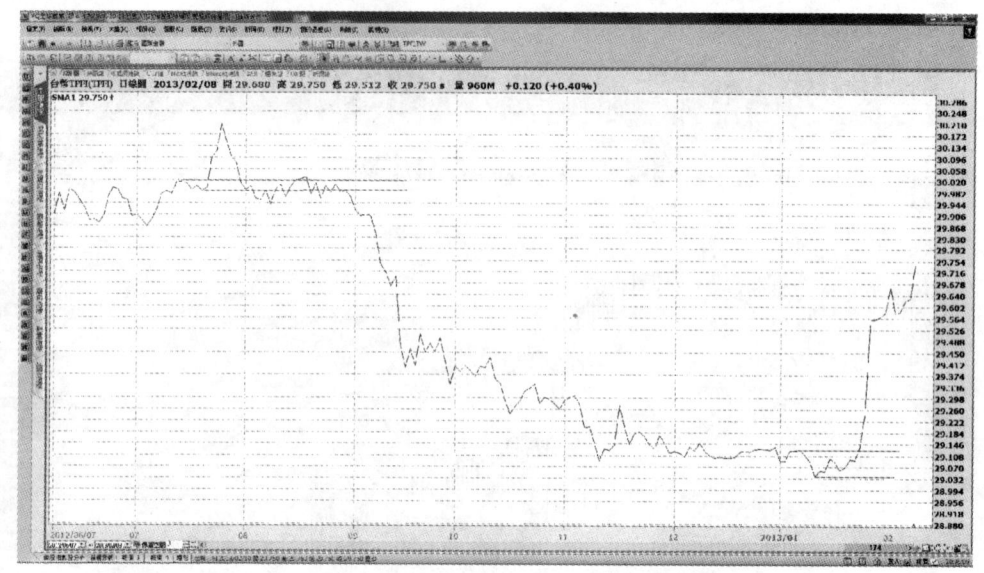

图 4-5

(2) 上涨过程中把每一段回档波动的收盘价高低点给画出来,高点为箱顶,低点为箱底;

(3) 从 7—8 月找出次高回档箱,用来研判上涨波动是否被阻断;

(4) 一旦上涨波动被阻断,若又出现"破而不过"次高反弹箱,则原趋势逆转;

(5) 下跌过程中把每一段反弹波动的收盘价高低点给画出来,高点为箱顶,低点为箱底;

(6) 从 2013 年 1 月份可以找出次低反弹箱,用来研判下跌波动是否被阻断;

(7) 一旦下跌波动被阻断,若有出现"过而不破"次低回档箱,则原趋势逆转;

(8) 简单的次箱观念就可以抓转折和发动点。

我们常听到鉴往知来,因为凡走过必留痕迹,事出必有因,所以必有迹可循的道理。我们提及以 K 棒为例:上涨红 K 好,还是黑

第四章
按图索骥积财富之箱波均SOP战法

K好呢？上影线长您认为一定是压力？下影线长您认为一定是支撑吗？以上对操作者而言，红黑和影线，都会有预设立场，但是只看一个收盘价就只有一个点，一个"点"不是红也不是黑，更不是上影，也不是下影，这样就自然破除预设立场，操作就可以轻松自在许多。这个点的连线就是方向，形成的波动，就有次箱与趋势的研判了。

您会发现依照因果循环，以前种下的因，当缘分到了，就会结成果实的，因此从"预知前世因，今生受者是"这个道理，就可从左边线图（前世因），去推右边可能的线图（今生受者是）。再从"预知后世果，今生作者是"，也就是说：原本命中没有财库，除非您现在努力种福田，往后就会有财库。依照这道理，若原本失败的地方，能够努力克服才能重回多头，不然股价来此都是要先视为风险区，就是这个道理。如何找出左边已知线型的关键处就是箱波均操作理论的枢纽与主轴。

经过多年实战经验所观察出股价的多空循环的惯性，而记录下来形成箱波均控盘系统，知道方法之后，剩下的就只是依照纪律去操作了。股价的波动是可隐约的推演出，就如打战时，先借由兵棋推演，而达到克敌制胜以逸待劳的目的。操作时最重要就是研判多空与强弱，研判多空是让我们想要买还是要卖的依据，研判强弱是我们要买多还是买少的依据。上涨次箱与下跌次箱就是多空之研判，箱顶与箱底就是强弱之研判，简单的次箱给予操作的枢纽，有关键强弱价位，也有转浪与逆转浪的研判功能。

我们知道一根日K线只是当天多空交战的产物，连续的日K线组合之后才会形成趋势，但是K线之间的组合超过数十种，要能简单的研判后面的趋势走向需至少是要有经验的老手才能看出。再者，长红棒在不同多空位阶是不一样的解读，长红可能是起涨，也可能是末段喷出所致。同理，长黑棒在不同多空位阶也是不一样的解读，长黑可能是起跌，也可能是末段杀出所致。因此若能用一套简单的方法就能找出不同位阶都可一体适用的研判是非常重要的。以下我们就开始进入箱波均的道引吧！

步骤二 认识均线（MA）

均线是最常被使用的指标，其全名为移动平均线（Ma，Moving Average），代表某一时间周期内的平均成本。

股市波动中其最小的波动是从 MA1 所形成的波动，也就是收盘价连线所形成的波动，收盘价又是多空当时交战决胜负的关键，当我们把收盘价的点与点之间连成线就会出现上涨波动与下跌波动。相对于 K 线的好处是，收盘价只有一个点，只有向上连线或者向下连线，因此不会因为 K 线的红黑或者上下影线而有预设立场的恐惧与犹豫，打个比方，当上涨出现一根长黑回档，一般投资者就会开始紧张是否这边是主力出货呢？当下跌出现一根长红反弹，一般投资者就会开始乐观想者是否就是底部信号呢？

我们常听到"一生万法"，任何源头的组合都从"一"开始，就如投资也是每一次的战果累积下来才能致富的，因此每一次的胜负战果都是难能可贵，也就是我们常听到的积沙成塔。然而股市的波动也是如此，我们使用均线来代表短线或中线或长线的平均成本，从日线图来讲，最短线的平均成本就是一日均线，也就是 MA1。为何均线的公式是几日收盘价的加总再除以几日所形成出来的呢？为何不用开盘价或者高低点来做平均值呢？究其原因，一根 K 棒是从开高低收所组成的，今天的开始是开盘价，今天的结束点是收盘价，盘中的震荡两端就是今天高点和今天低点。

因此我们可以知道每天多空交战的结果就是在收盘价，不管如何开盘或者盘中如何高低震荡上冲下洗，多空交战的胜负结果就在收盘时，因此每天的收盘价就是多空交战结束后所留下的战果，从这些战果所遗留下来的痕迹，可以分出短线的多空强弱，打个比方，今天收盘比昨天收盘还高，今天就是多方胜，今天的收盘比昨天的收盘还低，今天就是空方胜。用几日的收盘价来做平均就可以看出这几日的多空强弱与趋势了。这就是移动平均线的概念。

步骤三 如何设定 MA1

当我们知道收盘价的重要性，以及收盘价的连线是任何波动的开始，因此如何设定收盘价连线呢？收盘价连线就是均线参数设定为 1，就会看到如图 4-6 所示的波动。

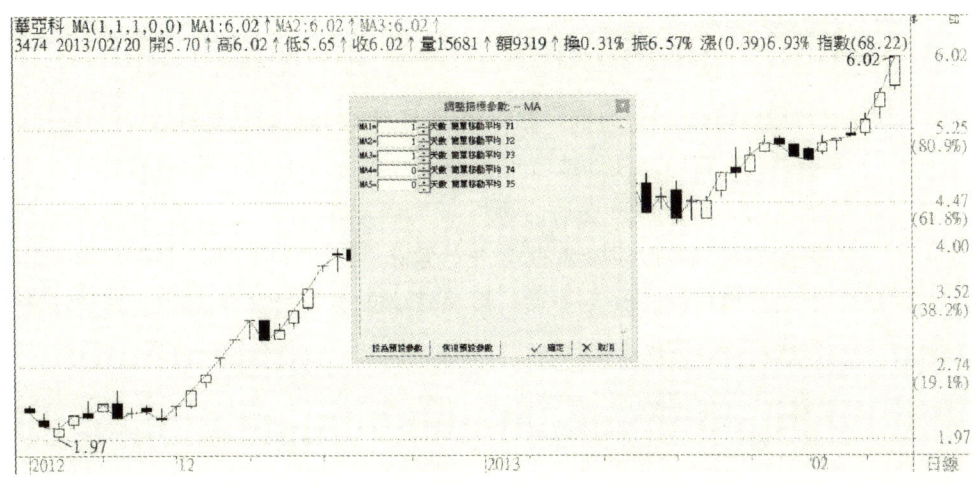

图 4-6

由于 K 棒和收盘价连线放在一起，有些不熟悉画箱的朋友不容易找出关键次箱，也常会把 K 棒的高低点给搞混，因此我们也可以设定为只要收盘价线（Price）的选项，如图 4-7 所示。

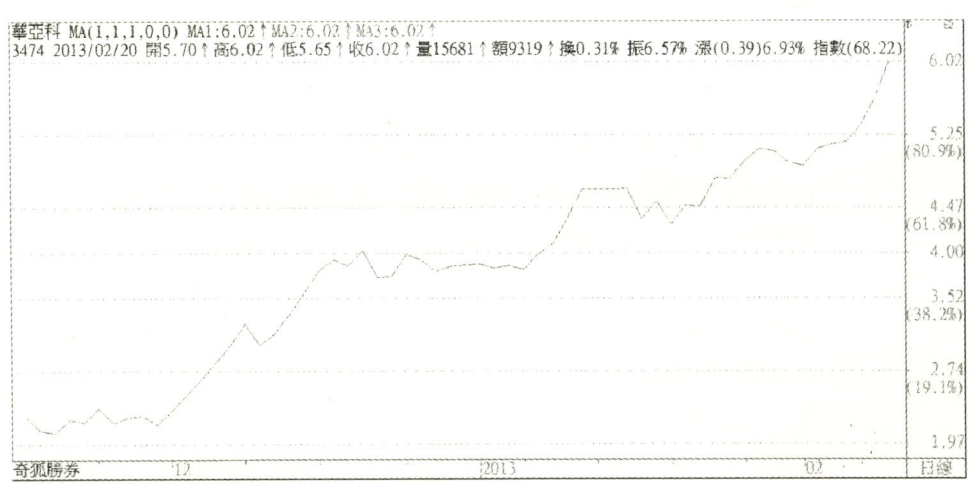

图 4-7

二、箱波均之股票赚钱箱

MA1收盘价连线,相对于K线的好处是,收盘价只有一个点,形成的只有向上波动或者向下波动,因此不会因为K线的红黑或者上下影线而有预设立场的恐惧与犹豫。打个比方,当上涨出现一根长黑回档,一般投资者就会开始紧张,这边是不是主力在出货?当下跌出现一根长红反弹,一般投资者就会开始乐观猜想,这边是否为底部信号呢?

我们知道任何的线图都是由第一根K棒开始延伸的,因此聚沙成塔始于一,先把一找到,就能一生万法,就如易生太极,太极生两仪,两仪生四象,四象生八卦,八卦演尽天下事。箱波均控盘战法以收盘价的连线所产生的波动为基本波动,以此基本波动来推演后面的向上波动和向下波动以及次级波动和次次级波动的关系。

在实务的操作上,投资想要知道的是什么?我们归纳如下:

(1) 我到底要买还是要卖?
(2) 买了之后怎研判要不要涨?
(3) 放空之后怎研判要不要跌?
(4) 我要如何试单与加码?
(5) 我要买多少资金,小买还是重押?

以上的问题,在技术分析的术语就是,止跌买,续涨多单续抱,止涨卖,续跌空单续抱,强势轧空买多一点,缓涨买少一点,强势杀多空多一点,缓跌空少一点。

以下我们就针对要不要涨,要不要跌来做深入的讨论。要不要涨有两种情况:要涨其实就是向上转浪续涨的意思。不涨其实就是止涨的意思,在箱波均用止涨缺口来作研判。要不要跌也有两种情况:要跌其实就是向下转浪续跌的意思。不跌其实就是止跌的意思,在箱波均用止跌缺口来作研判。以下我们用简单的箱波均股票赚钱箱来阐述要不要涨,要不要跌这四种买卖信号。

在实务的操作上,我们可以找到一个收盘价的起始点a,后续上涨到某处遇到压力,此时收盘价一弯头,就会出现一个b点,此时在上涨过程中，我们专注于画回档箱，此回档箱的箱顶就是 b 点。当回档到某处遇到支撑，此时收盘价一上勾就会出现一个 c 点，此时就能画出回档箱的箱底就是 c 点。如图 4-8 所示，我们可以看到画回档箱的步骤：当 b 点一出现画出箱顶，当 c 点一出现画出箱底，此时就出现一个回档箱，利用此回档箱来观察后续要不要涨。

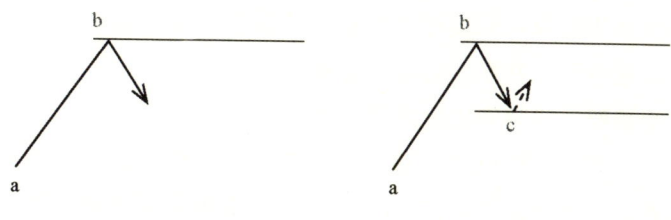

图 4-8

我们可以看图 4-9，当我们把 bc 这两点的回档箱给画出来之后，我们会看到此时股价是由下往上勾，因此我们如何研判后面股价要不要涨呢？我们利用 b 点画出来的箱顶来作研判，若后面的 d 点无法收盘超过 b 点，一出现收盘价弯头，就是止涨缺口的卖出信号。若后面的 d 点顺利收盘超过 b 点，我们就把移动停利点移到 c 点。同样的，当 d 点无法收盘超过 b 点，一出现收盘价弯头为卖出信号，此时股价往下跌，此时我们如何研判后面的股价要不要跌呢？我们利用 c 点画出来的箱底来作研判，若后面的 e 点无法收盘小于 c 点，一出现收盘价往上勾，就是止跌缺口的买进信号。若后面的 e 点顺利的收盘跌破并小于 c 点，此时我们把移动停利点移到 d 点。

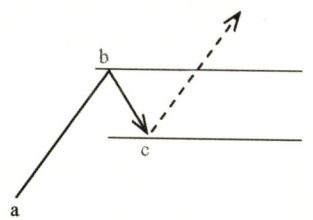 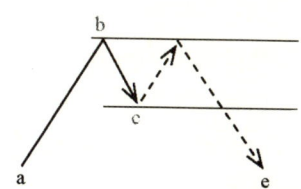

图 4-9

在投资的路上，一般的投资者最想知道的是后面到底是会涨还是会跌？后面的未知走势中，是否能提早知道呢？因此，我们利用箱波均的股票赚钱箱来解决这个问题。从上面的描述中，读者可有体会到，当我们把箱波均的股票赚钱箱 bc 两点给画出来，当股价正在往上时，我们就能以逸待劳利用 b 点来研判要不要涨。当股价正在往下时，我们就依旧能以逸待劳的利用 c 点来研判要不要跌。这个方法就像我们设定一个门槛让股价来做表态，抓到关键枢纽就能以逸待劳，并推演后续的走势。

步骤四　如何画出股票赚钱箱

有一次在电视上看到一位高人可以观察足迹去锁定嫌疑犯，据他的研究数据可以知道一个人的身高体重等资料，借由这足迹去比对犯罪的嫌犯。这告诉我们若要人不知，除非己莫为，也就是说凡走过必留痕迹。在股市的股价波动也是如此，收盘价是当天多空交战所留下的痕迹，我们利用收盘价的连线所形成的波动，其回档箱或反弹箱的顶底也是多空交战所留下的痕迹，因此从收盘价（点），形成 N 字上涨（线），连续 N 字形成趋势（面），从点连成线，线连成面，多空趋势油然而生，找出上涨次箱与下跌次箱，对于后面的多空推演就可面面俱到，抓住关键枢纽即可看出后面多空交战之后的趋向了。

如果股市只有多方没有空方，或只有空方没有多方，则成交值等于零，股市必不存在。所以在股市中多空交战是常态，越是多空看法分歧交战越是激烈。多方为了保全做多利益而力守的点位，我们称之为支撑点。空方为了保全做空利益而力守的点位，我们称之为压力点。我们在脑海里想一下，收盘价的起涨点开始往上连，直到有一天收盘价一弯头往下时，我们可以找出收盘价一弯头的高点，此高点是当初获利卖压发生的地方，也是空方趁机做空的地方，我们称之为回档箱顶。当收盘下往下连，直到有一天收盘价一勾往上时，我们可以找出收盘价一勾往上的低点，此低点是在起涨点做多的人为了保全利益，在适当的点位奋力守住，并向上推升的地方，我们称之为回档箱底，如图 4-10 所示。

第 四 章
按图索骥积财富之箱波均SOP战法

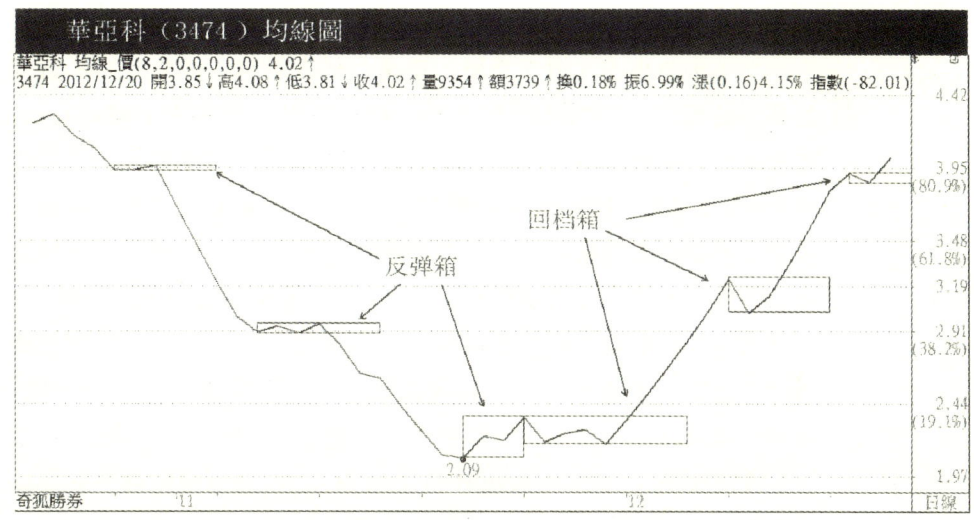

图 4-10

　　从以上的回档箱顶是空方必守的点位，若后面可以收过，就是多头赢，此时我们称之为转浪而上或向上转浪。从以上的回档箱底是多方必守的点位，若后面收破，就是空头赢，此时我们称之为转浪而下或向下转浪。

　　回档箱顶与回档箱底就是多空必争之地，然而每次的回档箱都是多空必争之地，若上涨波动要被阻断，一定是最后一个回档箱箱底被收破，此时我们称之这一个回档箱是最高点与次高点之间所形成的回档箱，简称上涨次高回档箱，也称上涨次箱。同理，下跌的时候会出现反弹箱，其下跌波动要被阻断，其最后一个反弹箱顶一定要被收过，此时我们称之这一个反弹箱是最低点与次低点之间所形成的反弹箱，简称下跌次低反弹箱，也称下跌次箱。

　　古人云"一生万法"，就如菲波纳奇数列 1，1，2，3，5，8，13，21，34，55……一样都从一开始扩大延伸的。因此不管在哪一个级数线图里面，MA1 是最基本的波动，也是该级数收盘之后所遗留下来的多空胜负的痕迹与战果，所谓"事出必有因，必有迹可循的"，因此我们利用 MA1 的波动所遗留下来的关键次箱就是左边已经发生所种下的因，后面遇到缘分之后，必产生反应，从反应中我们可推出其果来。

在多头趋势中其惯性为屡创新高，低点不再，因此过高不破低是多头的惯性，在上涨的波动中，我们发现它依序为上涨，回档，转浪而上，回档，转浪而上。因此每次 MA1 波动其回档时，会形成两个点，MA1 一弯出现箱顶和 MA1 一勾出现箱底，只要过箱顶不破箱底就是多头趋势的惯性，我们把当时的上涨波动的次高回档箱给找出来，作为上涨波动趋势阻断的关键，我们称之为上涨次箱。

同理，在空头趋势中其惯性为屡创新低，高点不再，因此破低不过高是空头的惯性，在下跌的波动中，我们发现它依序为下跌，反弹，转浪而下，反弹，转浪而下，因此每次 MA1 波动其反弹时，会形成两个点，MA1 一勾出现箱底和 MA1 一弯出现箱顶，只要破箱底不过箱顶就是空头趋势的惯性，我们把当时的下跌波动的次低反弹箱给找出来，作为下跌波动趋势阻断的关键，我们称之为下跌次箱。

在盘整的时候我们发现其惯性可分为扩散型（过高又破低），收敛型（不过高也不破低）。因此在 MA1 的波动里面我们把次箱给找出来的时候，我们会发现过顶又破底或者不过顶又不破底这两种惯性都是盘整形态。因此我们把多空盘三种股市现象给定义清楚后，再把关键次箱给找出来，利用"过而不破"是多头的惯性，利用"破而不过"是空头的惯性，利用"又过又破"或者"不过不破"是盘整的惯性，就可以轻松研判出涨跌盘了。

步骤五　N 字与向上（下）波动

我们将股价的涨跌以折线表示如下：

图 4-11　股价上涨

图 4-12 短线获利了结,产生卖压使股价回档

图 4-13 利多让股价再往上推升,越过前高续涨形成 N 字

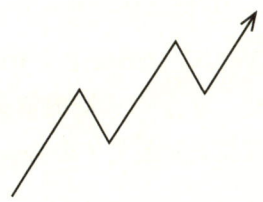

图 4-14 形成波浪

以上四幅图相信大家都很熟悉,摊开 K 线图也随处可见。因为太简单了就不引人注意,但是浅显的事常含深奥的道理:佛法说一生万法,万法从一而生,就是这个道理。

图 4-11,我们叫上涨。

图 4-12,我们叫回档。

图 4-13,是股价转浪续上,我们叫 N 字上涨。

图 4-14,是连续 N 字,我们叫向上波动。

当股价下跌,我们就叫下跌、反弹、转浪续下(倒 N 字下跌)、向下波动。说法不同,道理一样。

既然每日收盘价所代表的是多空交战后的强弱结果,那把每日收盘价的点与点之间做连线,就形成一日波动了,一日波动会有 N 字上涨或倒 N 字下跌的形态出现,这些 N 字最少就是 3—5 天的收盘价所组成的,因此慢慢就形成短线趋势的概念出现了。连续向上 N 字的形态我们称之为向上波动,连续向下倒 N 字的形态我们称之为向下波动。当股价波动从收盘价的连线（MA1）所形成，也就是小波动慢慢累积成中波动，中波动又再累积成大波动，因此形成不同级数的波动架构了。

从上面的概念，我们马上解决了新上市柜新股的操作问题，当今天只有第一根日 K 线出现时，使用均线和指标的朋友需等到收盘根数资料充足才能下决策。但是若使用箱波均的 MA1 概念，只要出现一个 N 字上涨就多空力判，就可以进场了。当然最小的 1 分钟或者 5 分钟的线图就可以开始切入操作了。

如图 4-15 所示，我们以新上柜的汇钻科 15 分钟线图为例，因为新股的开盘都是比认购价高，因此视为上涨，因此先画回档箱，之后我们发现 3 月 30 日一整天都出现连续倒 N 的走势，此走势就是向下波动。隔天 3 月 31 日出现过顶不破顶的连续正 N 走势，此走势就是向上波动开始，在上图圆圈的箭头处为可以切入的买点，后面走势如箱波均的招式，走出轧空走势。

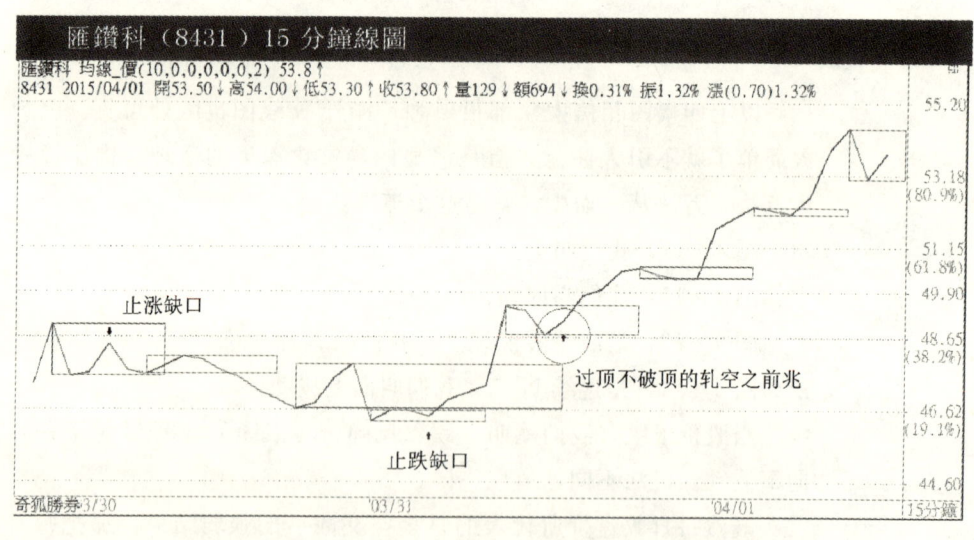

图 4-15

步骤六　止涨缺口与止跌缺口之研判

向上波动时，一折回档修正后未能收过箱顶续涨即折回，其折回前的高点 d 与箱顶 b 点之间的空隙称为止涨缺口，如图 4-16 所示。

缺口出现即是修正波动的启动，也有机会是多空波动逆转的起点。

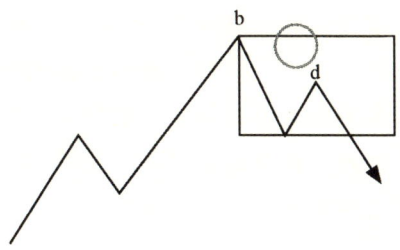

图 4-16

向下波动时，一折反弹修正后未能收破箱底续跌即折回，其折回前的低点 d 与箱底 b 点之间的空隙称为止跌缺口，如图 4-17 所示。

缺口出现即是修正波动的启动，也有机会是多空波动逆转的起点。

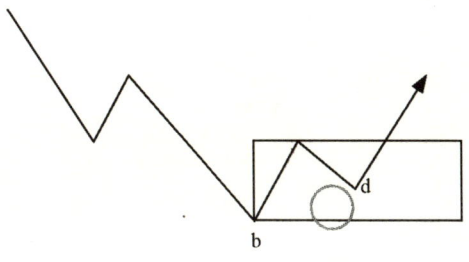

图 4-17

当我们熟悉向上波动和向下波动之后，我们最关心的是向上波动或向下波动何时才会结束呢？我们发现只要收盘价一折无法向上转浪成功就会形成上述的止涨缺口，此时我们就定义为基本向上波动暂歇，也就是后面走势先视为暂时休息了。此时若修正完毕能够持续向上转浪则从基本波动转成次级波动，简单来讲就是从细波动变成次级波动。我们发现多空循环图里面，几乎都会出现止跌缺口之后的向下波动，止跌缺口之后的向上波动，因此我们利用"画箱待缺口"的口诀就能简单的分段治事，以逸待劳。

如图4-18所示，我们看汇钻科的15分钟线图，当第一折是开高上涨，后面我们就先画回档箱，回档箱的箱顶是用来观察向上转浪成功与否的关键，当图中出现向上转浪不成功时，就称之为止涨缺口。当后面出现倒N字时，我们就要开始画反弹箱，反弹箱的箱底是用来观察向下转浪成功与否的关键，当图中出现向下转浪不成功时，就称之为止涨缺口。

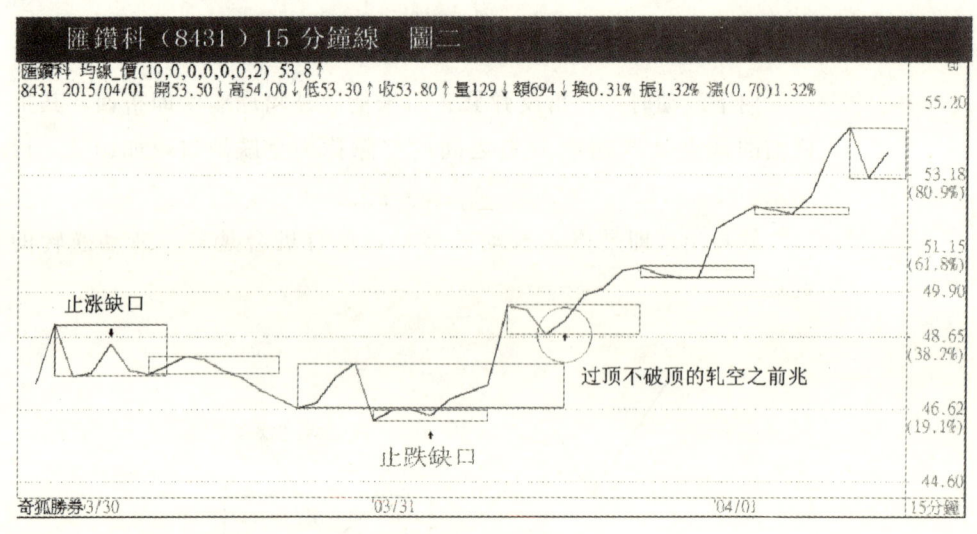

图4-18

由上图我们可以清楚的看到，汇钻科在3月30日出现止涨缺口之后，先做修正波动，直到3月31日出现止跌缺口才出现买进信号，股价后续又出现招式：过顶不破顶为轧空之前兆，此为加码和续抱的信号。

步骤七　如何分段治事赚价差

在金刚经提及：应无所住而生其心，如何可以让自己操作时

"不取于相",和持股能"如如不动",直到趋势阻断结束为止,是在股市中想赚取一段波段价差的投资者最想要的方法。有学过波浪理论的朋友都知道,波浪常有浪中有浪,波中有波的迷失,最重要的是数波数到最后真的分不清楚是哪一波了,究其原因在于修正波动第二波和第四波有强势平台整理的选项,因此数波有时候不是五波而出现七波,另一个是当某一波走延伸波时,您就会发现走完五波怎么还持续往上走呢,此时若执著于波数去做放空就会被轧。因此若利用上次我们提及的上涨次箱与下跌次箱作为多空趋势阻断与否的关键,就可以不执著波浪是几波而能赚取中间的价差了。当我们不执著波浪是走了几波了,只要每次的上涨次箱不断的往上移动,直到有一天收破上涨次箱反弹过不了做出场,这样就真的可以达到"应无所住而生其心"。

箱波均控盘战法是从箱子出发,借由波浪与波动,根据均线而进出操作的,不执著于既有的多空印象,不执著于波浪几浪,不执著于满足价位,不执著得失多少,只要信号出现,当下即是!当基金或债卷等没有完整的 K 线图可供研判趋势与支撑压力时,我们发现只要学会箱波均控盘战法,不论有没有 K 线图都可以轻松得研判出转浪与逆转浪的关键,以及提早找出形态学的颈线(多空线)。任何时间点都能进场,涨跌盘都能操作,获利让市场决定,停损自己能控制。

以下我们利用箱波均之缺口操作法来看看如何一段一段的赚价差获利。

操作步骤　画箱→观缺口→下单买卖,如图 4-19 祥硕以 34.3 元收盘线一弯头出现止涨缺口卖出,30.8 元收盘线往上勾出现止跌缺口买进,于 32.35 元出现止涨缺口的卖出信号。这两段价差可赚取共 5.05 元的利润。

操作步骤　画箱→观缺口→下单买卖,如图 4-20 祥硕 32.35 元出现止涨缺口的卖出信号,于 34.65 元出现过箱顶的转浪买回信号,于 39.85 元出现止涨缺口的卖出信号,于 39.6 元出现过箱顶的转浪买回信号,于 39 元出现止涨缺口的卖出信号,于 37.95 元出现止跌缺口的买回信号。

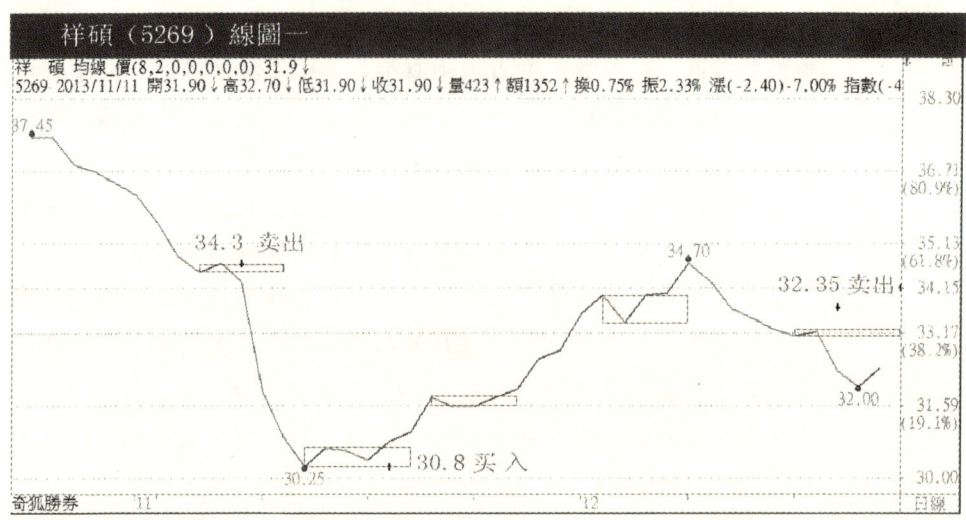

图 4-19

$(32.35-34.65)+(39.85-34.65)+(39.85-39.6)+(39-39.6)+(39-37.95)=-2.3+5.2+0.25-0.6+1.05=3.6$,这五段价差可赚取共3.6元的利润。

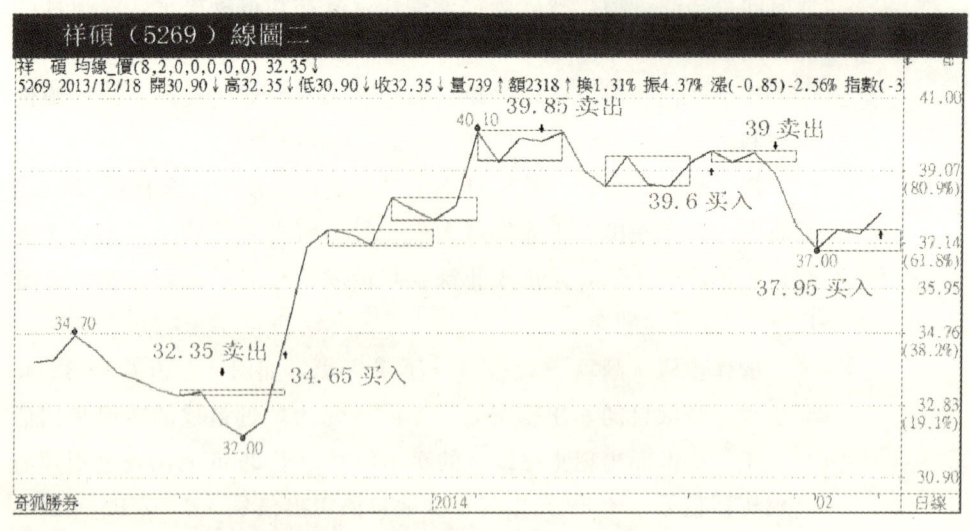

图 4-20

操作步骤 画箱→观缺口→下单买卖，如图 4-21 祥硕 37.95 元出现止跌缺口的买进信号，于 48 元出现止涨缺口的卖出信号，于 50 元出现向上转浪的买进信号，于 56.5 元出现止涨缺口的卖出信号，于 53.5 元出现止跌缺口的买进信号。

（48－37.95）＋（48－50）＋（56.5－50）＋（56.5－53.5）＝10.05－2＋6.5＋3＝17.55，这四段价差可赚取共 17.55 元的利润。

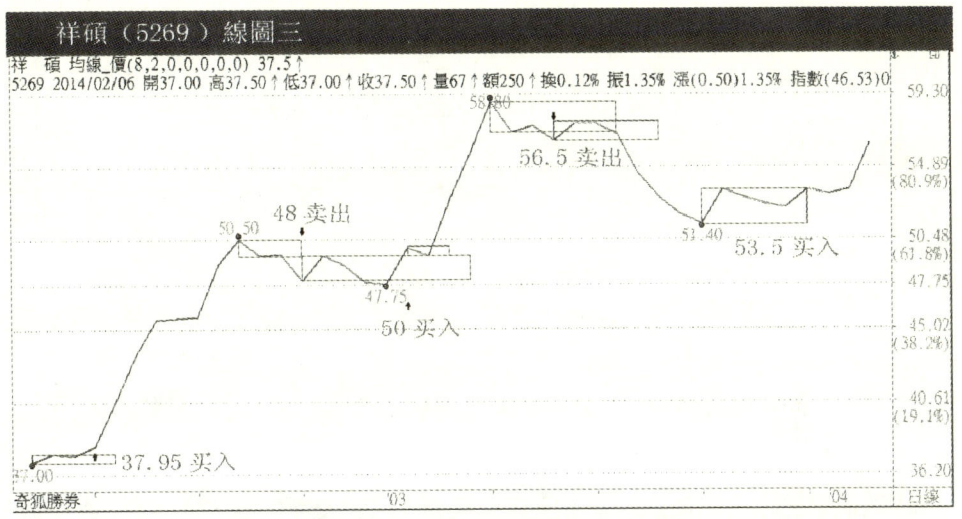

图 4-21

操作步骤 画箱→观缺口→下单买卖，如图 4-22 祥硕 53.5 元出现止跌缺口的买进信号，于 79.9 元出现止涨缺口的卖出信号，于 85.4 元出现向上转浪的买进信号，于 168 元出现止涨缺口的卖出信号。

（79.9－53.5）＋（79－85.4）＋（168－85.4）＝26.4－6.4＋82.6＝102.6，这三段价差可赚取共 102.6 元的利润。

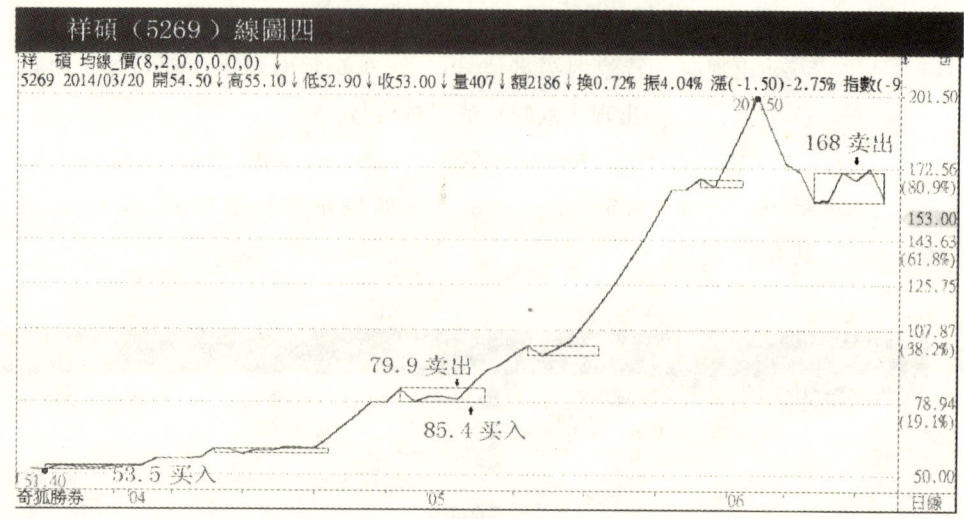

图 4-22

操作步骤 画箱→观缺口→下单买卖，如图 4-23 华亚科出现向上转浪于 4.79 元买进，后面持续画回档箱，直到 6.7 元出现止涨缺口的卖出信号，此段价差可赚取 6.7－4.79＝1.91 元的利润。

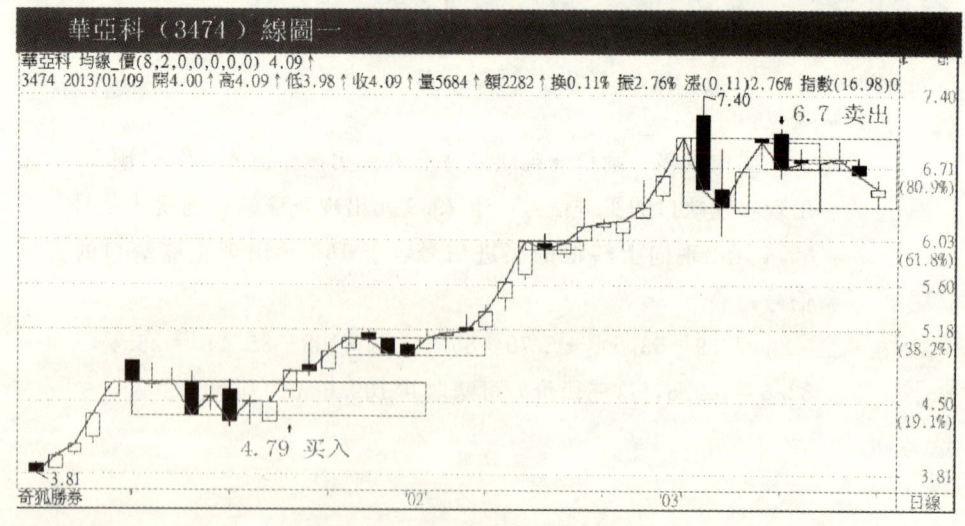

图 4-23

操作步骤 画箱→观缺口→下单买卖，如图4-24所示，从6.7元出现卖出信号之后，于6.92元出现止跌缺口的买进信号，后面持续往上画回档箱，直到11.6元出现止涨缺口的卖出信号。此两段的价差可赚取（6.92－6.7）＋（11.6－6.92）＝4.9元的利润。

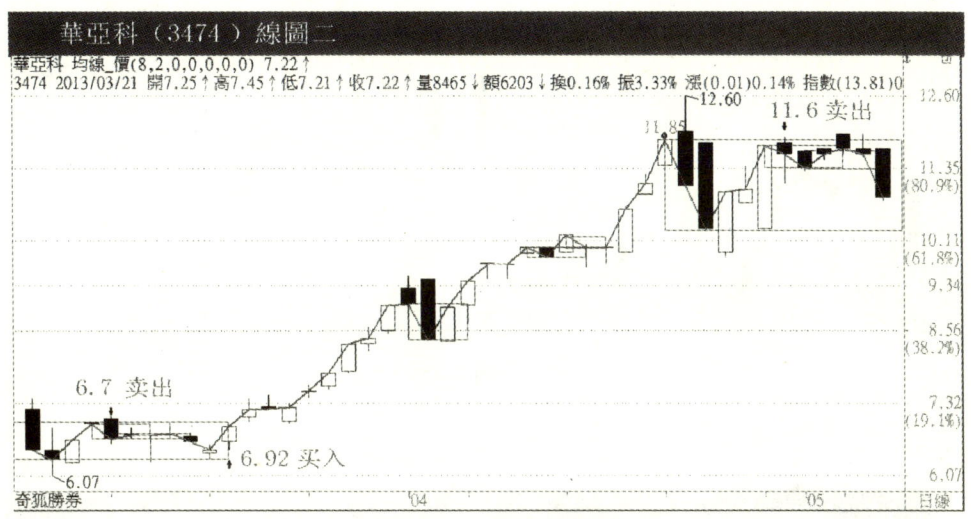

图4-24

操作步骤 画箱→观缺口→下单买卖，如图4-25所示，在11.6元止涨缺口卖出，10.6元止跌缺口买进，10.05元止涨缺口卖出，10.15元止跌缺口买进，后面持续画回档箱，于14.6元出现止涨缺口卖出，这四段价差为（11.6－10.6）＋（10.05－10.6）＋（10.05－10.15）＋（14.6－10.15）＝4.8元的利润。

操作步骤 画箱→观缺口→下单买卖，如图4-26所示，在14.6元出现止涨缺口的卖出信号，于14.35元出现止跌缺口的买进信号，于14.2元出现止涨缺口的卖出信号，于11.65元出现止跌缺口的买进信号，于12.15元出现止涨缺口的卖出信号，于11.95元出现止跌缺口的买进信号，从这五段的价差利润为（14.6－14.35）＋（14.2－14.35）＋（14.2－11.65）＋（12.15－11.65）＋（12.15－11.95）＝3.35元利润。

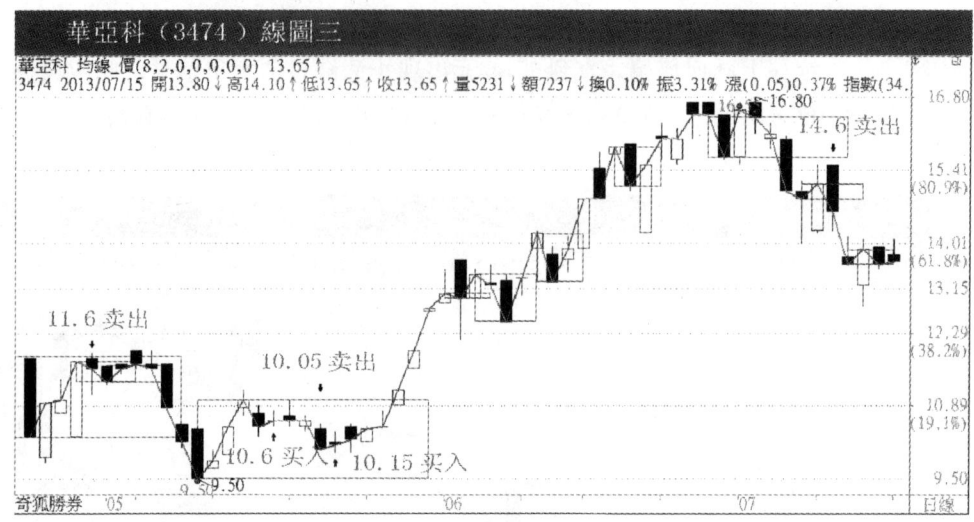

图 4-25

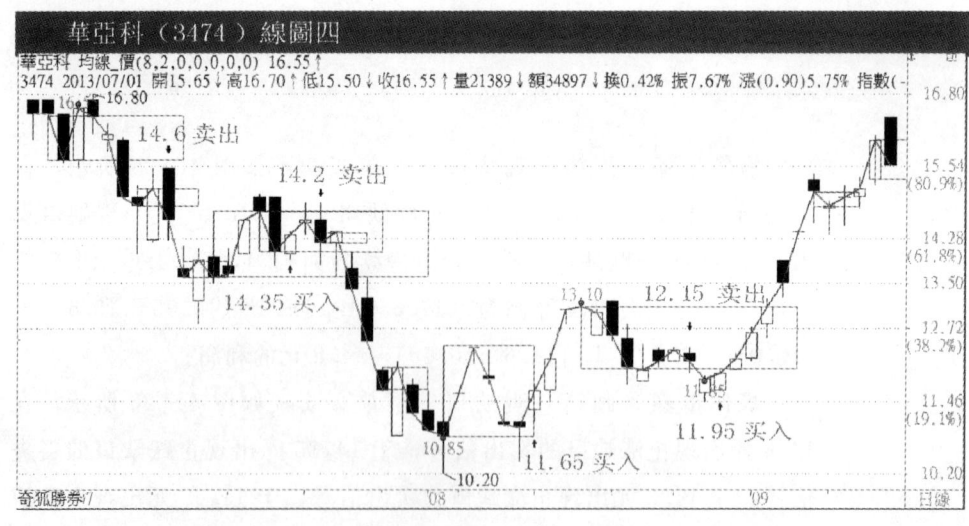

图 4-26

操作步骤 画箱→观缺口→下单买卖，如图 4-27 所示，在 11.95 元止跌缺口买回，沿路画回档箱观缺口，于 18.75 元出现止涨缺口的卖出信号，于18.7元出现止跌缺口的买进信号，于20.5元出现止涨缺口的卖出信号，于20.4元出现止跌缺口的买进信号，于21.4元出现止涨缺口的卖出信号。从这五段的价差利润为（18.75－11.95）＋（18.75－18.7）＋（20.5－18.7）＋（20.5－20.4）＋（21.4－20.4）＝9.75元利润。

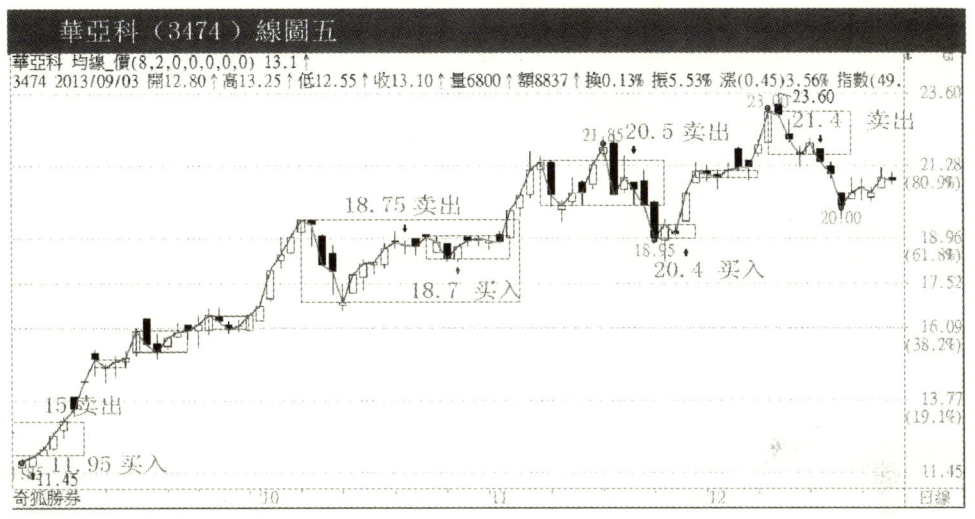

图 4-27

操作步骤 画箱→观缺口→下单买卖，如图4-28所示，在21.4元出现止涨缺口的卖出信号，于20.9元出现止跌缺口的买进信号，于24.4元出现止涨缺口的卖出信号，于26.7元出现止跌缺口的买进信号，于24.7元出现止涨缺口的卖出信号，于26.2元出现止跌缺口的买进信号，于25.55元出现止涨缺口的卖出信号，于25.5元出现止涨缺口的卖出信号，于24.45元出现止跌缺口的买进信号，于24.2元出现止涨缺口的卖出信号。于24.7元出现止跌缺口的买进信号。从这边我们发现复杂的修正波动就会出现忽赚忽赔的现象，不要因为这种忽赚忽赔的现象来影响到心情，因为下一张图您就会发现，一旦趋势出现，这些小亏损都会赚好几倍回来！我们来统计一下这八段的价差为（21.4－20.9）＋（24.4－20.9）＋

（24.4－26.7）＋（25.55－26.2）＋（25.5－25.55）＋（25.5－24.45）＋（24.2－24.45）＋（24.2－24.7）＝1.3元利润。

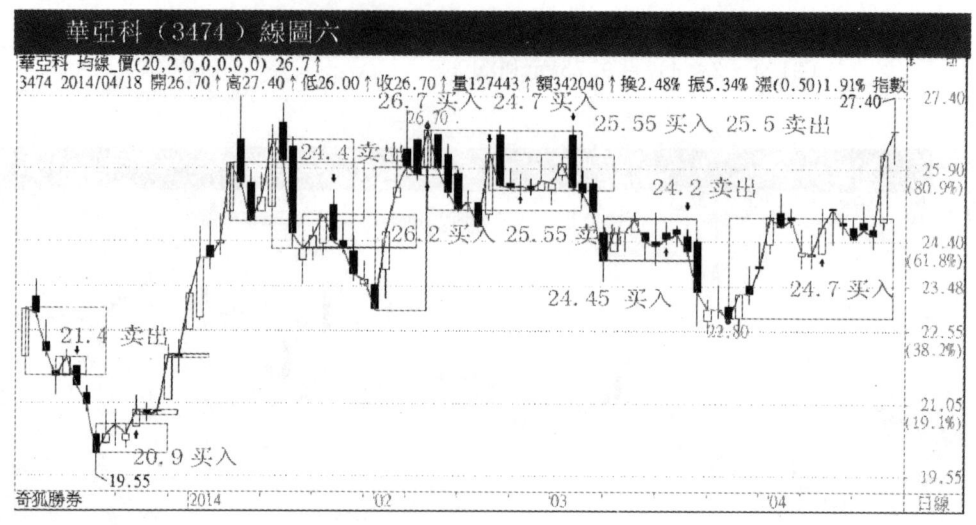

图 4-28

操作步骤 画箱→观缺口→下单买卖，如图 4-29 所示，24.7元出现止跌缺口的买进信号，于 35.3 元出现止涨缺口的卖出信号，于 34.1 元出现止跌缺口的买进信号，于 50 元出现止涨缺口的卖出信号，于 54.3 元出现止跌缺口的买进信号，于 60.2 元出现卖出信号，从这五段价差利润为（35.35－24.7）＋（35.3－34.1）＋（50－34.1）＋（50－54.3）＋（60.2－54.3）＝29.35 元的利润。

操作步骤 画箱→观缺口→下单买卖，如图 4-30 所法在 60.2 元出现止涨缺口的卖出信号，于 48.15 元出现止跌缺口的买进信号，于 47 元出现止涨缺口的卖出信号，于 45.2 元出现止跌缺口的买进信号。这三段的利润价差（60.2－48.15）＋（47－48.15）＋（47－45.2）＝12.7 元的价差利润。

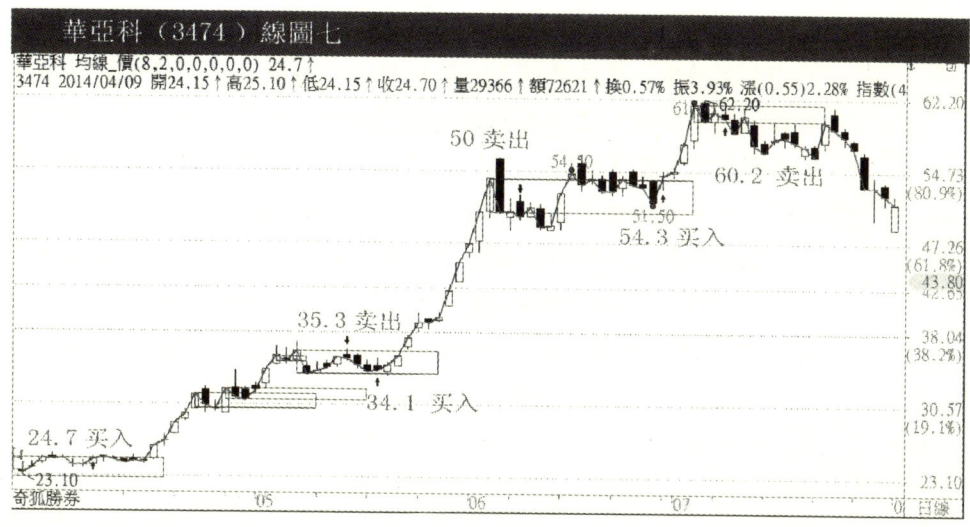

图 4-29

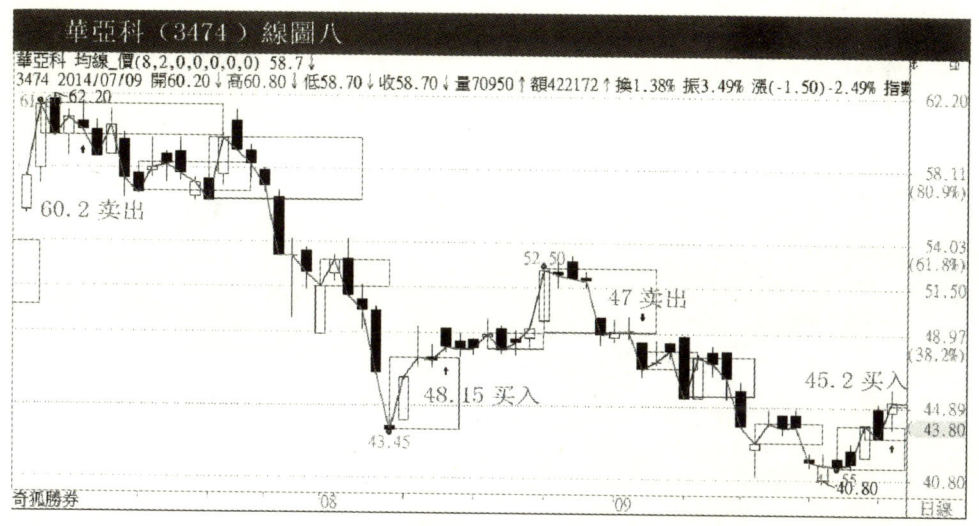

图 4-30

我们总结华亚科从 2013 年的 1 月做到 2014 年的 10 月,这一年多的价差为 1.91＋4.9＋4.8＋3.35＋9.75＋1.3＋29.35＋12.7＝

68.06元。我们第一张股票是从4.79元买进的,这价差非常的惊人,从上面我们可以知道:箱波均的缺口操作法,不需要知道趋势方向,一直分段治事,就能赚到每一段的价差。再者,读者也可以看到我们跟随着缺口操作法就自然而然的抓到每一个转折点,但是需要容忍盘整忽赚忽赔的心里,依照箱波均的缺口操作法,一步一脚印的执行,自然就能赚多赔少,迈向长期获利的赢家了。

操作步骤 画箱→观缺口→下单买卖,如图4-31的金像电于8.09元出现止跌缺口的买进信号,于9.25元出现止涨缺口的卖出信号,于9.78元出现止跌缺口的买进信号,于9.52元出现止涨缺口的卖出信号,于9.55元出现止跌缺口的买进信号。于这四段的行情中其价差利润为(9.25-8.09)+(9.25-9.78)+(9.52-9.78)+(9.52-9.55)=0.343元价差利润。

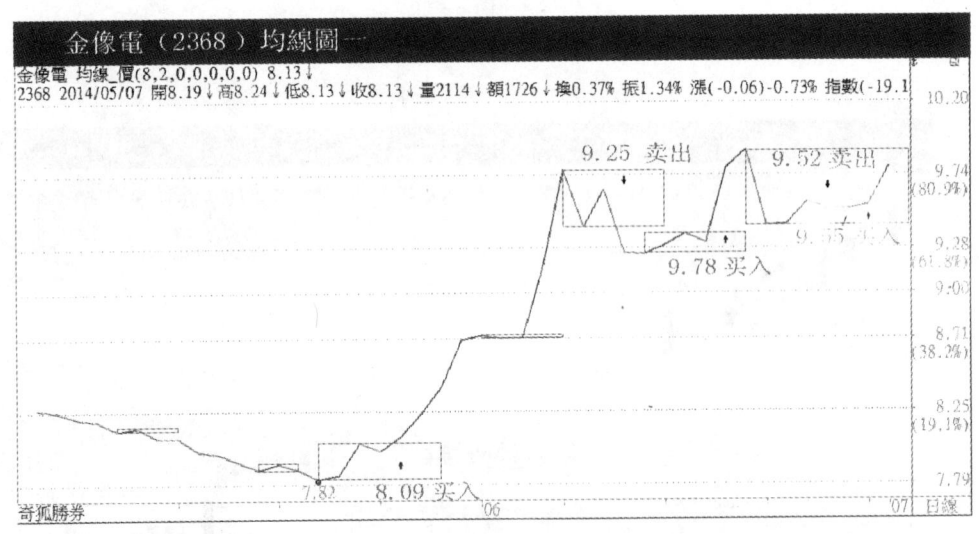

图4-31

操作步骤 画箱→观缺口→下单买卖,如图4-32所示,在9.55元出现止跌缺口的买进信号,于10.6元出现止涨缺口的卖出信号,于10.2元出现止跌缺口的买进信号,于9.98元出现止涨缺口的卖出信号,于10.35元出现止跌缺口的买进信号,于10.1元出现止涨缺口的卖出信号，于10.35元出现止跌缺口的买进信号，于10.1元出现止涨缺口的卖出信号，于10.45元出现止跌缺口的买进信号，于10.05元出现止涨缺口的卖出信号，10.75元出现止跌缺口的买进信号，此七段的利润价差为（10.6－9.55）＋（10.6－10.2）＋（9.98－10.2）＋（9.98－10.35）＋（10.1－10.35）＋（10.1－10.45）＋（10.05－10.45）＝－0.14元，小赔0.14元，这就是盘整太多次所致，但是后面一旦出现趋势走势，自然又赚回来了。

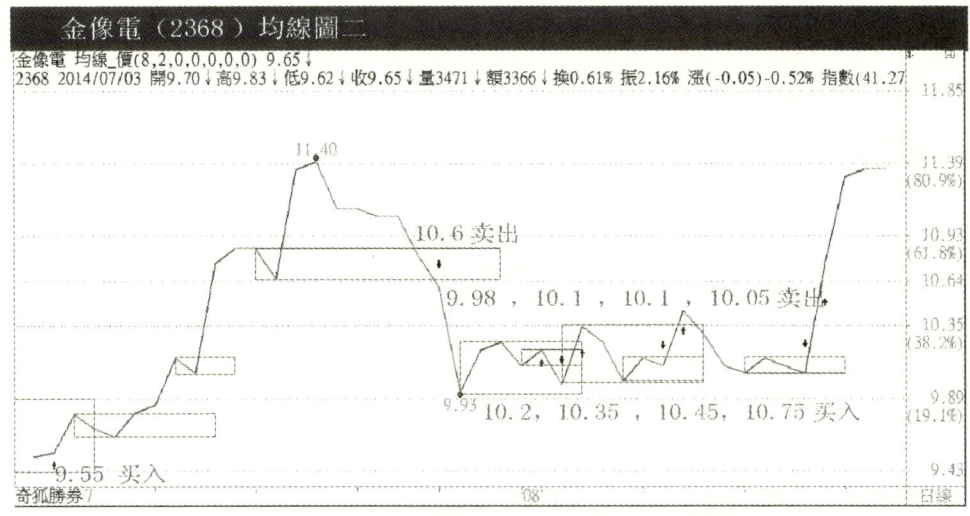

图4-32

操作步骤 画箱→观缺口→下单买卖，如图4-33所示，于10.75元止跌缺口出现买进信号，于11.5元出现止涨缺口的卖出信号，于12.1元出现止跌缺口的买进信号，于11.75元出现止涨缺口的卖出信号，于12.3元出现止跌缺口的买进信号，于12.6元出现止涨缺口的卖出信号，于12.7元出现止跌缺口的买进信号，于17.85元出现止涨缺口的卖出信号。在这七段的价差利润为（11.5－10.75）＋（11.5－12.1）＋（11.75－12.1）＋（11.75－12.3）＋（12.6－12.3）＋（12.6－12.7）＋（17.85－12.7）＝4.6元的价差利润。

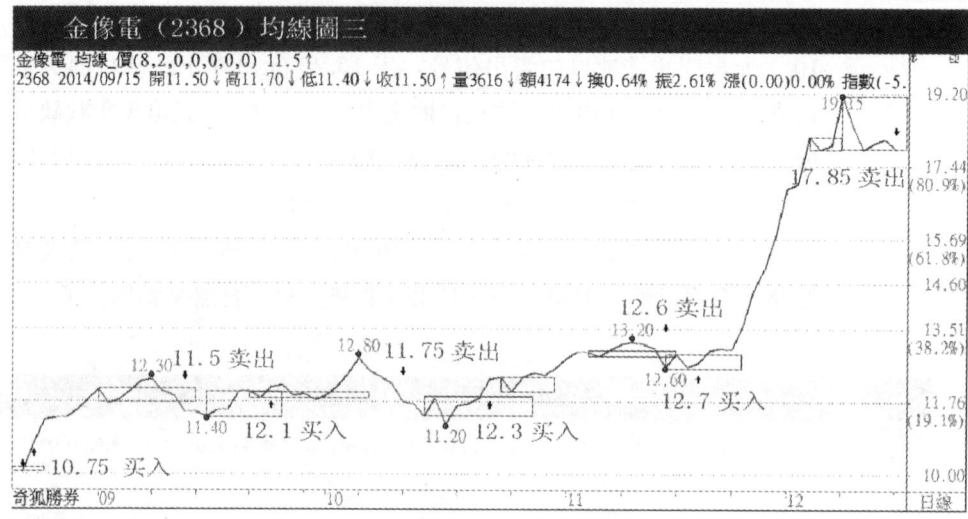

图 4-33

操作步骤　画箱→观缺口→下单买卖，如图 4-34 所示，在 17.85 元出现止涨缺口的卖出信号，于 17.75 元出现止跌缺口的买进信号，于 22.2 元出现止涨缺口的卖出信号，于此两段的价差利润为 4.55 元。

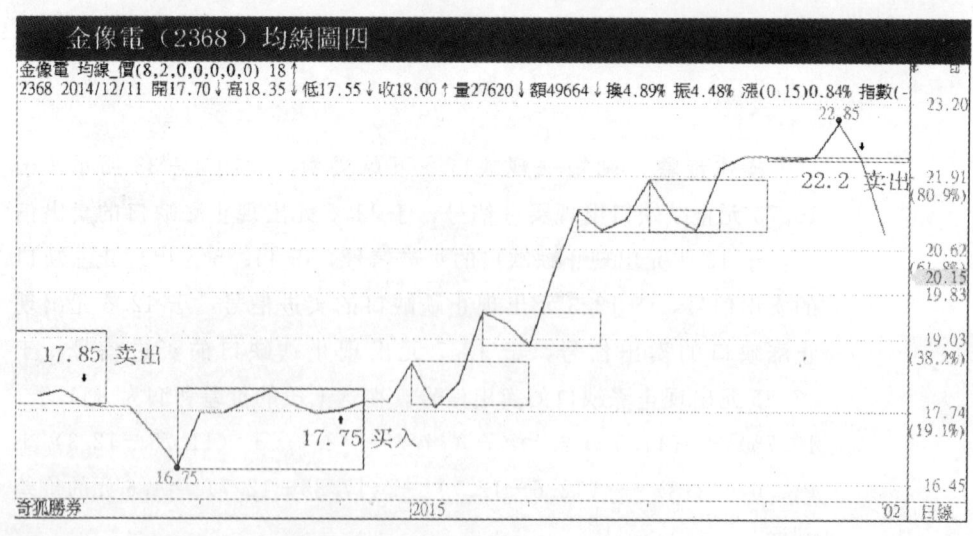

图 4-34

结论，以金像电为范例的缓涨标的物，于 2014 年的 5 月 8.09 元买进，到 2015 年的 1 月底结束，其总共的价差为 0.34－0.14＋4.6＋4.55＝9.35 元。也就是一张 8.09 元买进赚了 9.35 元的价差，由此范例告诉我们当强势热门股走轧空走势则能赚多赔少，若是找到缓涨的股票，则利用缺口操作法所赚的利润会比较差一点，但是依然还是能赚多赔少。

以上，我们找强势股和缓涨股为范例，让读者知道缺口操作法的优缺点，其优点为可一段一段赚取价差，且不用知道多空趋向与转折，自然缺口操作法会帮助您抓到转折与多空趋向。其缺点就是太多盘整的走势出现时，会被吃掉一些利润的，但是请读者试想：可有什么方法可以告诉您上涨出现盘整后，到底后面是做头还是中继再涨呢？其答案是没有方法的，但是利用箱波均这么简单的缺口操作法，能在盘整之中会吃掉一些利润，但是方向出来时却能大赚，您说这方法妙吧！

三、史上最简单的期货波段操作法

您相信不会研判趋势就能操作期货波段吗？
看不懂盘势却能赚到波段，这一招您听过吗？
连初学者，都觉得简单的期货波段操作法。
研读后，您一定会爱不释手的。
何谓波段操作？该如何进场与出场？操作心态该如何建立？
直接举例并算出每一段的利润给您确认，此方法的可行性。

1. 箱波均控盘战法

股价涨跌成 N 字，连续 N 字转成波动，因此一段波动的结束，即是波段操作。当您知道向上波动何时结束以及向下波动何时结束，就可以利用于向下波动结束时，试多单，于向上波动结束时，试空单。虽然逻辑非常的简单，但是要如何取段是关键，依据每个人所能承受的风险能力不同，因此取段的时间大小也会不同。

我们从最简单的缺口操作法来定义：当股价向上波动，转到尽头缺口现，因此一段波动的结束几乎都会有止涨缺口出现，出现止涨缺口可能是修正波动，也可能是逆转的开始，因此于此可先获利，等候确认是修正波动，在于止跌缺口做回补多单即可。

波段操作就是想要获取一段利润，因此风险与利润之间要有较好的比例，一般都取赔50点赚150点，赔100点赚300点的这种1∶3的方式。利用缺口操作法，先选定想要操作的周期，然后遵守缺口讯号的买卖时机，进而获取波段的利润。

2. 箱波均波段操作买卖规则

（1）出现MA1波动破不了左边的MA1箱底，收盘一往上勾时为止跌缺口买进。

（2）出现MA1波动过不了左边的MA1箱顶，收盘一弯头时的止涨缺口卖出。

（3）若没有出现止跌缺口时，收盘出现下跌阻断，隔天一开高直接补空单，买多。

（4）若没有出现止涨缺口时，收盘出现上涨阻断，隔天一开盘直接卖多单，放空。

（5）若没有以上的信号，守好停损50点，获利看缺口。

（6）买多单同时就是把之前的空单补掉，平多单的同时就是再放空。

（7）也就是说止涨缺口补多单＋放空，止跌缺口补空单＋买多。

如图4-35所示，我们以台指期小时线为例：于第一个圆圈处出现MA1没有收破下跌次箱顶，于开盘第一个小时收9137买进；于第二个圆圈处出现开盘第四根收盘弯头往下9212卖出并放空。此段利润75点。

于第三个圆圈处，收盘类似有止跌缺口的契机，隔天一开高马上回补做多，不需要等一小时后收完盘才动作，此为规则三，此时买进在9161。此段利润51点。

于第四个圆圈处尾盘有机会出现止涨缺口，隔天一开低马上卖多单并放空，此时价位为9260，这一段利润99点。

8月22日尾盘有阻断的迹象，隔天一开高马上补空单并买多单于9249，此段利润21点。

目前做了四段波段单累计利润为75＋51＋99＋21＝246点。

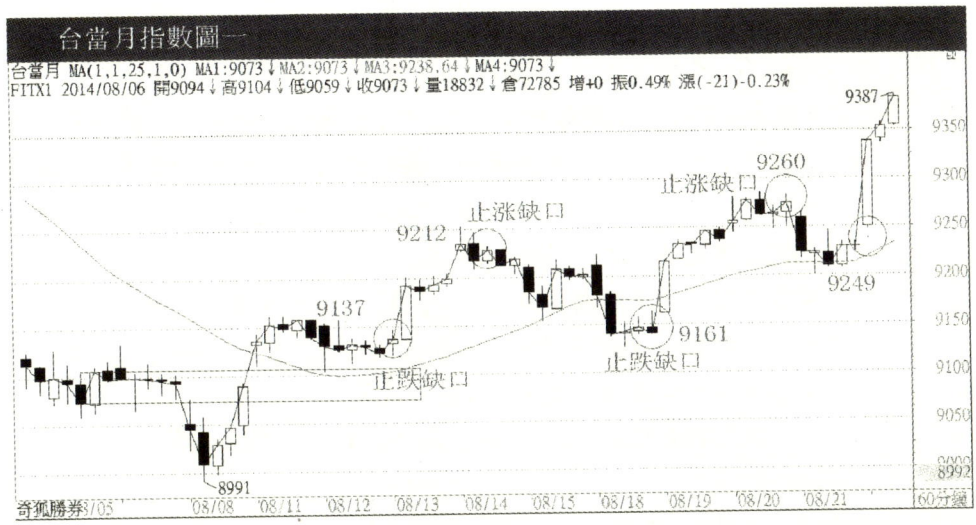

图 4-35

如图 4-36 所示,于 9249 买进之后,股价持续向上波动,于圆圈处尾盘出现阻断,但是隔天没有开低,是开高向上转浪所以续抱,直到第三个圆圈处出现止涨缺口卖在 9464,这一段的利润为 215 点。第四个圆圈处出现止跌缺口补空买多 9473,这一段利润为赔 9 点。

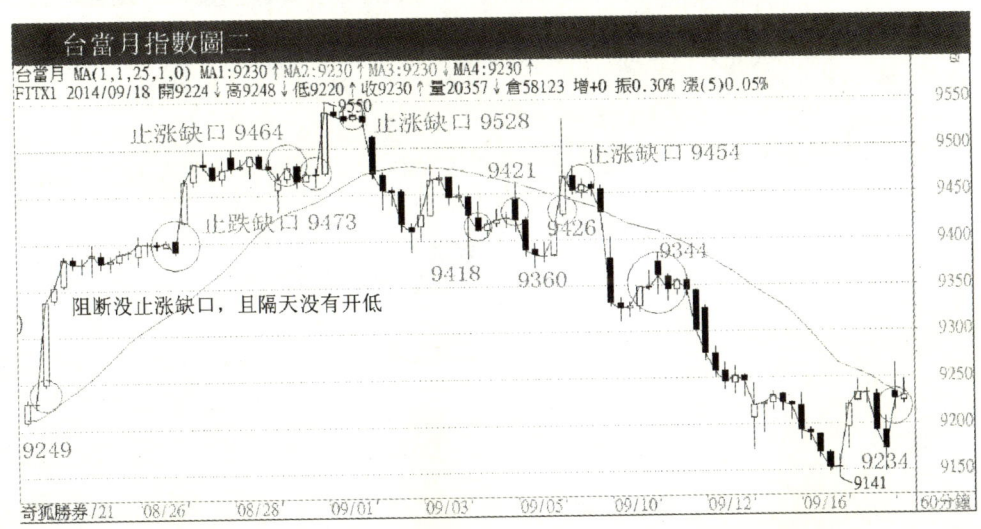

图 4-36

第五个圆圈处出现止涨缺口9528卖多单放空,此一段利润为55点。第六个圆圈处出现9418的止跌缺口补空买多,这一段利润为110点。第七个圆圈处出现9421的止涨缺口补多放空,此一段利润为3点。第八个圆圈处出现跳空的止跌缺口信号开盘直接补空单买多于9426,此段利润为赔5点。第九个圆圈处出现止涨缺口9454,此时出多卖空,此段利润为28点。第十个圆圈处出现止跌缺口9360补空买多,此段利润为94点。于9344出现止涨缺口卖多并放空,此段利润赔16点,最后一个圆圈处出现止跌缺口,隔天一开高补空买多于9234,此段利润为110点。

以上利润统计:215−9+55+110+3−5+28+94−16+110=585点。

如图4-37所示,于9234买进之后,于9263出现止涨缺口,平多并放空,这一段价差为29点。在右边数来第二个圆圈处,又止跌又止涨,因此,9133买进,这一段价差为130点,在9110卖出又放空,此段利润为赔23点,最后一个圆圈处出现止涨又止跌的信号,在8982补空买多,此段利润为128点。在止涨缺口8956出多并放

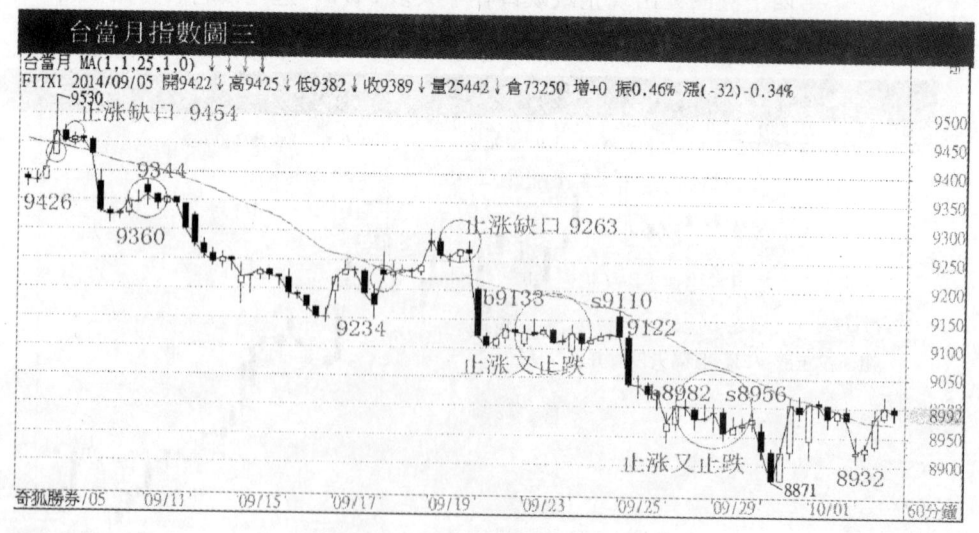

图4-37

空，此段利润赔 26 点。最后于 10 月 1 日开盘第一根收盘在 9008 补空并买多，此段利润赔 52 点，尾盘 8980 放空，隔天出现止跌缺口 8932 补空买多，这一段价差为 48 点。

以上利润统计：29＋130－23＋128－26－52＋48＝234 点，这边遇到的盘整最多，纵使让您停损三次以上，依然还是赚钱的，从 8 月 13 日—10 月 2 日不到两个月的时间总共价差为 246＋585＋234＝1065 点，当然若第三张图多出现几次，则利润会降低，但是若不在乎每次的输赢，只管信号出现就如法进出，大致上各位可以自行去回归看看，赚多赔少没问题的。

以上，我们有跟您讲如何研判趋势方向吗？但是您会发现跟随着止涨与止跌缺口，纵使不知道方向，却能赚到一段一段波动结束的波段利润，您现在是否开始对箱波均控盘战法惊为天人？

第五章
揭露不疾而速的赢家获利方程式

股市是一个很好检验自己是否能战胜自己的贪嗔痴慢疑的地方，战胜了就迈向赢家之路，失败了就容易沉沦下去，务必提高警觉，小心应对。

股市会出各种考题，但是您可以选择自己熟悉的考题来操作，这也是股市妙的地方。我不熟悉不会写的考题，我能选择不作也不会被扣分的。记住：您可以选择您熟悉的考题才回答，不熟悉一律不参与。

在股市中不外乎涨跌盘三种走势，涨势中多头的惯性是过而不破，"过＋不破"这两个惯性才是真突破或真轧空。跌势中空头的惯性是破而不过，"破＋不过"这两个惯性才是真跌破或真杀多。盘整就是忽多忽空，模糊不定，也就是有一个多头惯性，一个空头惯性，因此"又过＋又破"是扩散型的盘整形态，"不过＋不破"是收敛型的盘整形态。

以下我们提供不疾而速的获利方程式，箱波均提倡以逸待劳，等待自己熟悉的信号才进场，这熟悉的信号就是：过而不破买进，破而不过卖出。只做这两件事情，长期下来您会发现虽然出现的次数不多，但是一抓到都是大赚大波段的行情，这就是赢家获利方程式。

我们在操作投资中，最常遇到和最想知道的就是：何时股价会发动？经由我们提供的赢家方程式：过而不破买进，破而不过卖出，又过又破不动作，来证明只要制心一处，无事不办的（图5-1）。

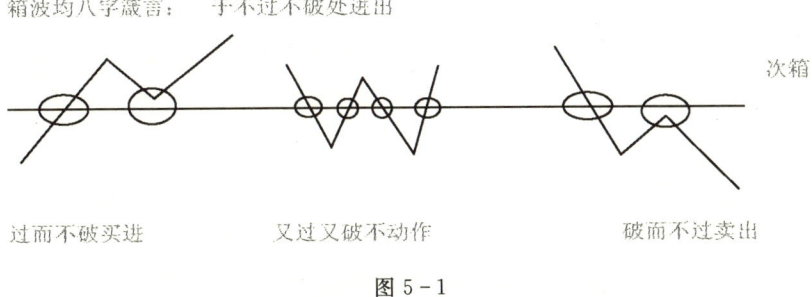

图 5-1

如图 5-2 所示,我们看宏益周线图,我们先找到收盘价的最低点 8.46,往前找次低的反弹箱,我们把 8.54 和 10.65 这个反弹次箱底和顶给画出来,用来观察后面股价的是属于涨跌盘这三种的哪一种。

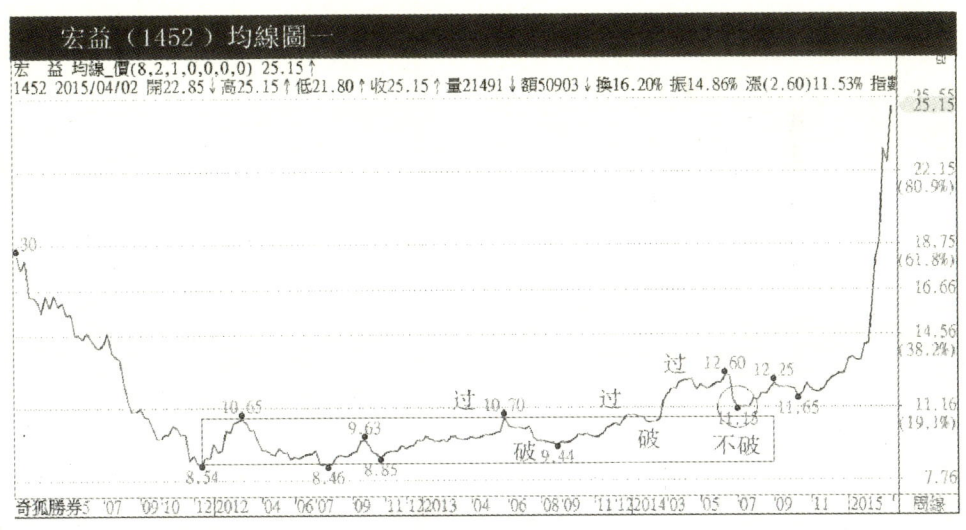

图 5-2

我们图 5-2 的宏益周线图出现又过又破的信号,此时为盘整的现象,也就是说时机还没成熟,主力进货还没完毕,直到上图的圆圈出现过而不破的买信出现。此时买进之后立即远离成本,且若出现过顶不破顶的信号时，后面是走轧空走势的。

我们可以发现又过又破的时间非常之久，经过约两年的进货洗盘之后才发动，一般的投资人是很难熬的过这么长的两年时间的，因此我们才要提倡等待我们想要的信号出现，把有机会的标的物或商品纳入观察，等待过而不破的信号才进场。

如图5-3所示，我们看日经指数周线图，我们把收盘价最低点8160给找出来，往前找出下跌的次低反弹箱顶底，然后把这个下跌次箱顶底给往又延伸，用来观察何时会开始发动的关键枢纽，不论是使用分钟线还是日线还是周线还是月线都是一体适用的。

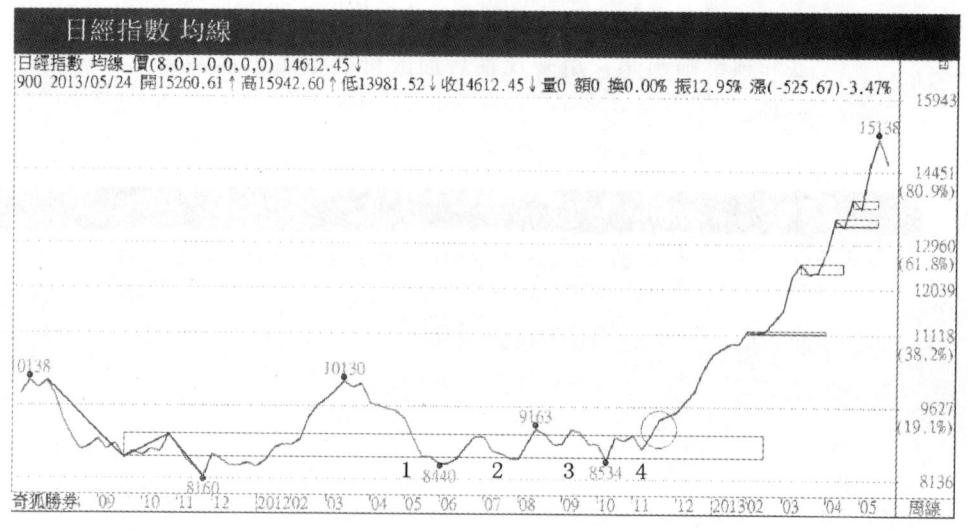

图5-3

这次我们用下跌箱底作为多头要起涨的底限，因为过顶不破底，至少还有盘坚走势，挑战箱顶的机会。我们图5-3的10130出现过顶的信号，之后连续三次都小破下跌次箱底，这就告诉我们下跌的力道并没有竭尽，直到第四次出现回撤不破下跌次箱底的时候，后面一过下跌次箱顶不回头，就出现主升段的喷出走势，由此我们体悟到一件事情：股价要修正多久不容易预估的，但是何时修正完毕要发动是有迹可循的。

第五章
揭露不疾而速的赢家获利方程式

从图5-3我们可以发现日经指数的周线图，经过约一年的筑底之后，我们可以利用下跌次箱底这个枢纽来研判哪一次出现过而不破的信号，则可以节省我们持股一年的时间成本，由于一般的投资者资金有限，若可以找几个商品，然后耐心等待信号，一旦信号出现都能一买就涨，买在发动点，可以很快的赚到五成或一倍的利润，其实这个以逸待劳就值得。若不断的重复做这件事情，您会发现操作的周转率提高，可以灵活运用有限的资金，让资金获利能最佳化。

如图5-4所示，我们继续看上证指数周线图，我们先找到收盘价的最低点1979，然后往前找出其下跌次低反弹箱顶底出来，然后把这次低反弹箱顶底给他往右延伸，您会发现比直接看K棒更简单更直接，不容易有错买的杂讯出现。

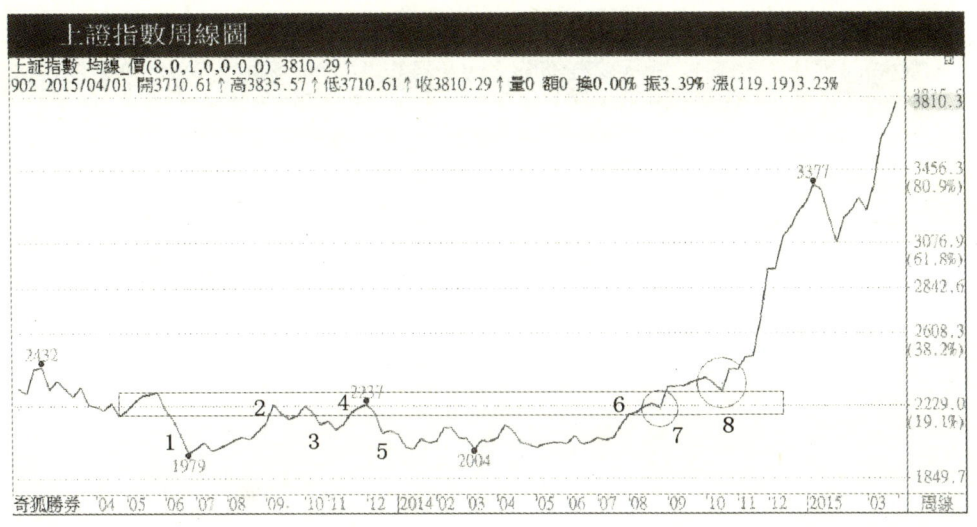

图5-4

我们看图5-4中1～8的信号，读者可以发现1破，2过，3破，4过，5破，6过，直到7和8的信号出现，这时候才是过而不破的信号。7是过底不过底的信号，8是过顶不破顶的信号。一个是多头低接试单的底限，一个是多头加码的轧空买点。

从上证指数的周线图从低点1979扩底整理一年多才发动，一般投资者是无法被上冲下洗一年多还可以如如不动，经常是在这一段时间追高杀低，被巴了几次之后，直到要发动就没信心进场，经常会有每次一卖就发动的窘境。

若读者可以做到本篇所要阐述的理念：股市会出各种考题，但是您可以选择自己熟悉的考题来操作，我不熟悉不会写的考题，我能选择不作也不会被扣分的。当这个您能做到了，您会发现过而不破买进，就如图5-4的7和8处，买进就发动，买进就赚大波段的主升段利润。

如图5-5所示，我们继续看美元指数日线图，我们先把收盘价的最低点79.12找出来，然后往前找出其下跌次低反弹箱顶底，把此下跌次低反弹箱顶底往右延伸，用来研判后面何时出现过而不破的信号。

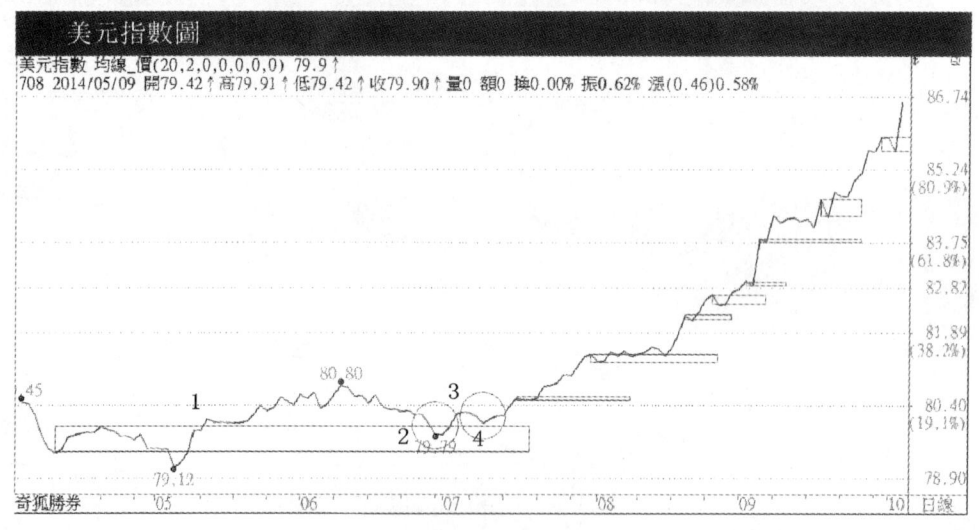

图5-5

图5-5的1处为股价过顶的信号，之后出现2又破顶的信号，但是2处没有破底。之后出现3过顶的信号，回测出现4不破顶的信号，后面如箱波均所提及的一招锁喉擒主升的情境是一模一样的，开始走出喷出轧空的走势。

从 2 和 4 这两个信号我们可以比对一下,当过顶不破底是基本的低接试单买点,当过顶不破顶是强烈的低接加码买点。从这告诉我们当 4 出现时后面走轧空走势,在 4 的位置所对应的指标位阶并没有在 80 之上,却能预先知道后面走轧空走势,这就是一招锁喉擒主升的妙用。

如图 5-6 所示,我们看 F-臻鼎的周线图,读者现在可以发现当我们把 K 线图经过滤波器把它滤成收盘价的连线,操作关键就很容易的显现出来。我们把下跌次低反弹箱顶底给画出来,下跌次箱顶为 71.5,下跌次箱底为 66.9。

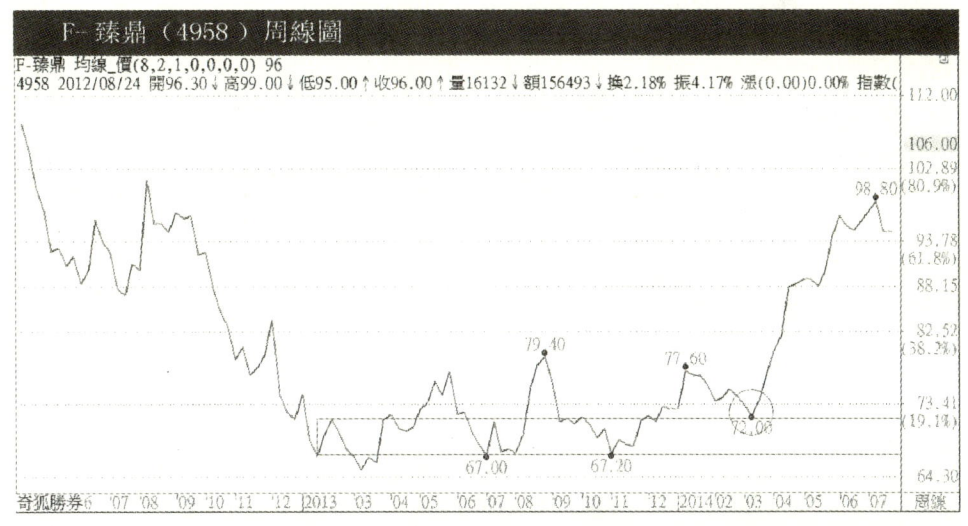

图 5-6

此标的物不断的做出过顶不破底的信号,我们发现就是没有出现主升段的快速喷出的走势。但是在图 5-6 中的圆圈处,出现过 71.5 回不破 71.5 在 72 出现止跌往上一勾,股价就快速往 98.8 做快速迈进。

任何事情只要时机一成熟才能水到渠成,这就是告诉我们进出场的时机点很重要,当时机一成熟买进之后,就能很快的远离成本,操作就是等待过而不破的信号,当又过又破就是盘整混时间,不熟悉的线形不知道会混多久的线型就不要进场。

如图5-7所示，我们继续看F-贸联日线图，我们找出线收盘价最低点22.55，然后找出其下跌次低反弹箱顶底出来，把下跌次箱顶27.7和下跌次箱底26.3给往右延伸，用来观察后面股价的走势在什么时候要开始发动。图5-7中的圆圈处出现过过顶不破顶的信号，后面股价涨幅惊人。

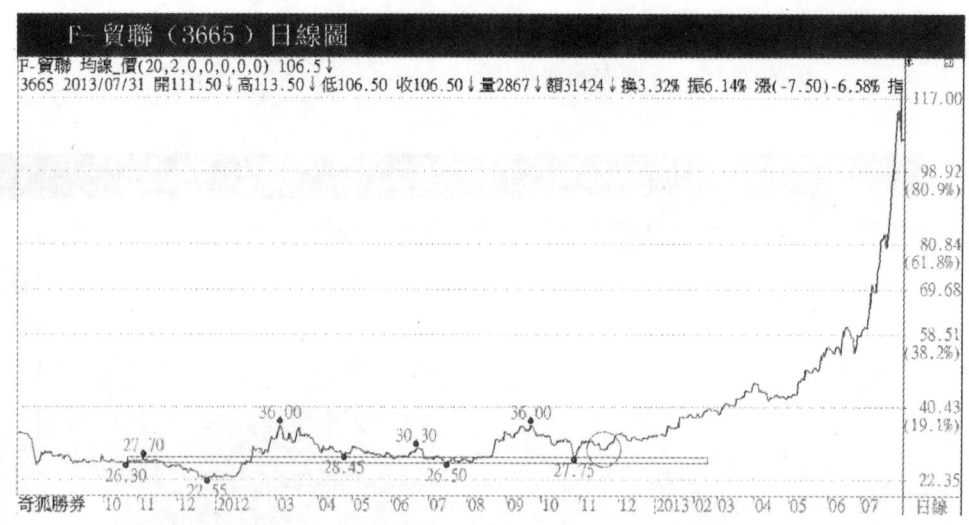

图5-7

如图5-8所示，我们看茂顺的周线图，我们找到收盘价低点21.65之后，往前找出其下跌次箱顶底，后面我们发现股价历经4年的时间，最后于圆圈处出现过顶不破顶的信号，股价涨幅接近3倍以上的利润，一般人很难等待4年在一个高档震荡洗盘，但是一旦时机一到，看到过而不破的信号进场，后面的速度与利润是很值得期待的。

一般的投资者最想知道什么是投资圣杯，想要提高胜率，殊不知找到赢家获利方程式并不难，其实只要专门操作自己熟悉的线型，持续作对的事情，财富就像赶不走的影子如影随形。

如图5-9所示，我们看台指期月线图，如何操作波段的行情

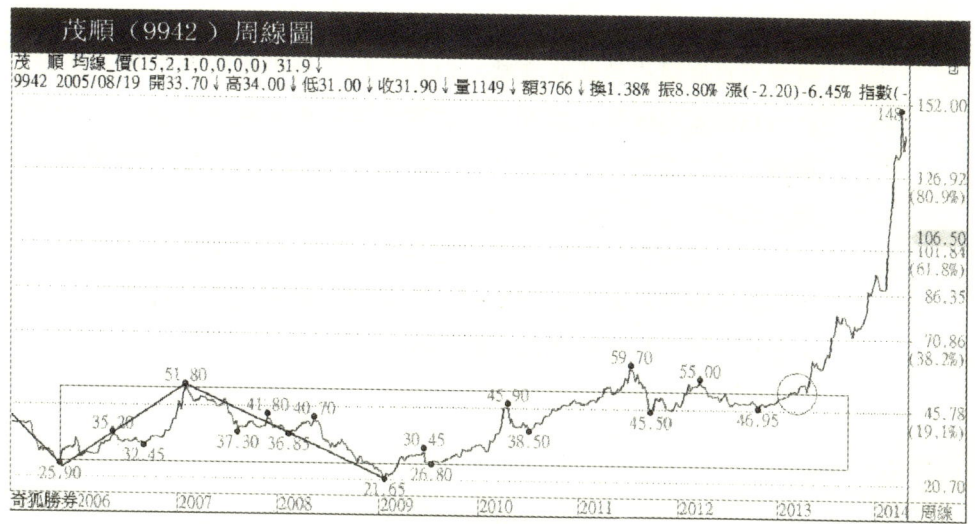

图 5-8

呢？最左边和最右边都出现上涨次箱底被收破之后，反弹不过上涨次箱底此为杀多的前兆，后面都出现非常大波段的下跌行情，且下跌的时间都超过一年半载的。

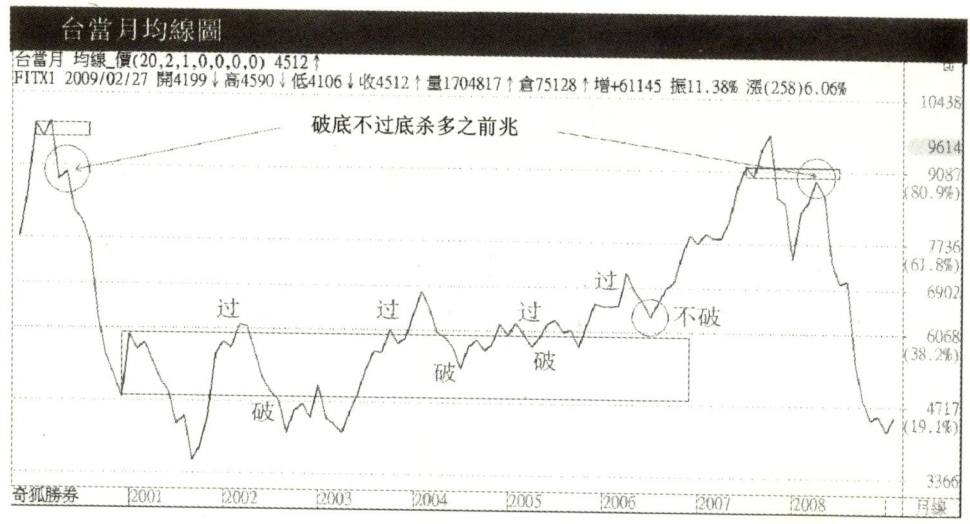

图 5-9

接着我们看上图台指期的月线图，我们找出其下跌次低反弹箱顶底出来，后面可以观察到过顶又破底股价在做上下整理盘，之后过顶不破底缓步的垫高走势，但是股价就是不做轧空走势，直到后面出现过顶不破顶，读者可以发现出现快速的轧空走势，当我们知道何时是盘整盘，资金配置就少一点，当我们知道何时是轧空盘，资金配置就可以加码多一点。

以上范例告诉我们寻找箱波均的次箱处作为关键枢纽，用以研判后面走势的涨跌盘，就能知道后面的方向和力道强弱度，这不就是所有投资者最想要知道的信息吗。

第六章
箱波均之一招锁喉擒主升

投资需要到处学习十八般武艺才能用吗？能否只要一招半式就能闯天下呢？其实若能制心一处，长期薰修，一门深入，真能无事不办的。我们常见投资人常学太多，又无法融会贯通，以致于不知道哪一个信号进场才是胜率高的方法，因此我们有必要找出一招锁喉擒主升的招式出来。

我们利用上涨次箱与下跌次箱来指方立相，用前述的"赢家方程式八字箴言"再加上"上涨次箱或下跌次箱"来指出方向，当有次箱这个关键枢纽，让我们在未来世界其走势中有所依据，不再徬徨无助，如图6-1所示。

箱波均招式：　　　　　　　　　　　　箱波均招式：

过顶不破顶，扎空之前兆　　　　　　　破底不过底，杀多之前兆

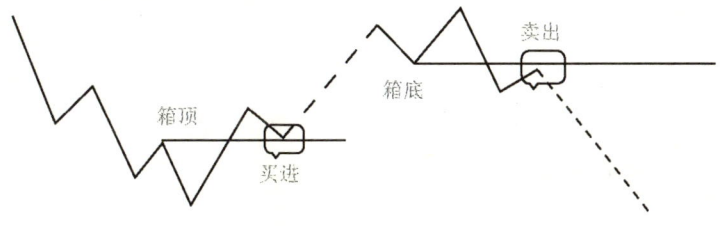

图6-1

如何做到：一门深入，长期薰修，制心一处，无事不办。上涨次箱一枢纽，下跌次箱另枢纽，只开两道枢纽，一道研判波动结束

与否，一道研判转浪与否。一门深入，只专心致力于股价在次箱处的反应，长期薰陶并修正自己的错误行为，自然迈向赢家之路。

您会发现依照因果循环，以前种下的因，当缘分到了，就会结成果实的，因此从"预知前世因，今生受者是"这个道理，就可从左边线图（前世因），去推右边可能的线图（今生受者是）。也就是说：原本命中没有财富，除非您现在努力种福田，往后就会有财富。依照这道理，若原本失败的地方，能够努力克服才能重回多头，不然股价来此都是要先视为风险区，就是这个道理。

如何找出左边已知线型的关键处就是箱波均操作理论所探讨的枢纽与主轴。操作时最重要就是研判多空与强弱，研判多空是让我们想要买还是要卖的依据，研判强弱势让我们要买多还是买少的依据，上涨次箱与下跌次箱就是多空之研判，箱顶与箱底就是强弱之研判。

我们以多头为例，其有三次的买点：

（1）止跌缺口的试单点（抢反弹）；

（2）站稳下跌次箱底的试单点（多头的底限）；

（3）站稳下跌次箱顶的加码点（轧空的前兆）。

简单的次箱给予操作的枢纽，有关键强弱价位，也有转浪与逆转浪的研判功能，您说妙吧！

如图6-2所示，我们以丰泰日线图为例，从这一张图我们可以找到收盘价最低点为73.5，往前我们找到两个下跌次箱顶底出来，此为不同级数的下跌次箱，于第一个圆圈处出现过顶不破顶的擒主升的信号，股价上涨到第二个圆圈处出现更大级数的过顶不破顶的轧空之前兆，我们可以看到图6-3后面走势如箱波均控盘战法所说的：一招锁喉擒主升，出现一个喷出大涨的涨升行情。

有人说：股市不是涨就是跌，话说得没错，但是如何找到研判要涨还是要跌的关键处，才能进出有所依据呢？如图6-4所示，宝得利月线图，我们找到其收盘价低点1.61，然后找出其次级波动的下跌次箱顶底出来，于图中的两个圆圈处都出现了过顶不破顶的买进信号，后面的股价如图6-5出现飙涨数倍的走势。会有人问：不破是后面才知道？其实不然，当过而不破出现回撤次箱顶时，收盘

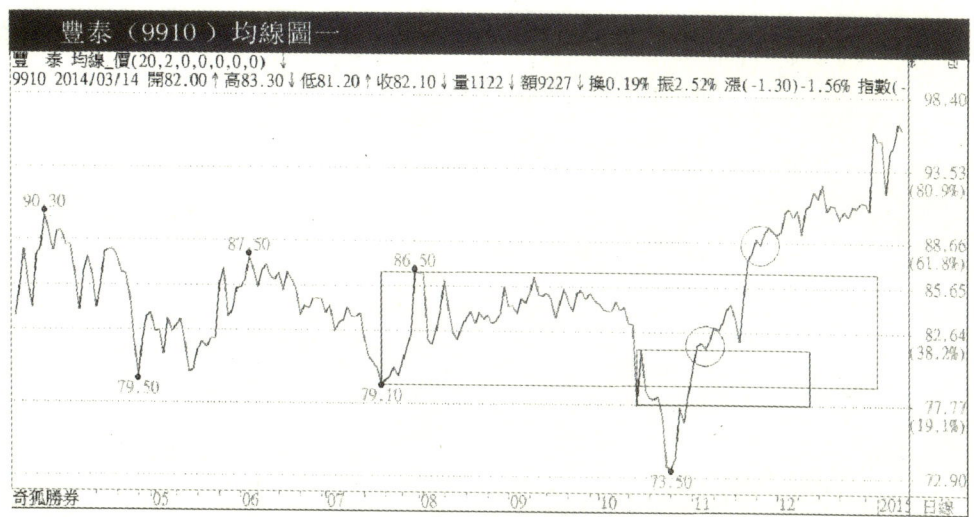

图 6-2

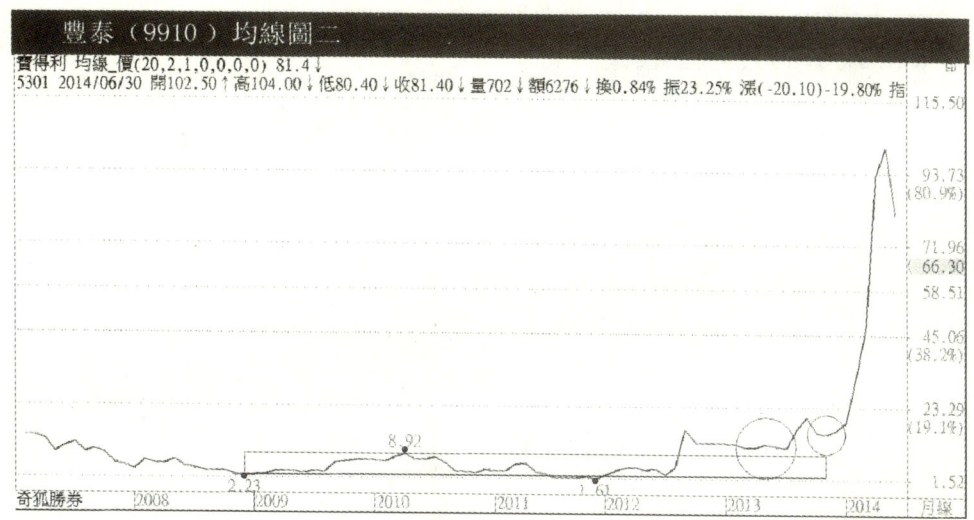

图 6-3

价一往上勾就买进,然后守好停损,此时不是赚多,就是赔少,并非后面走势续涨之后才确认不破。

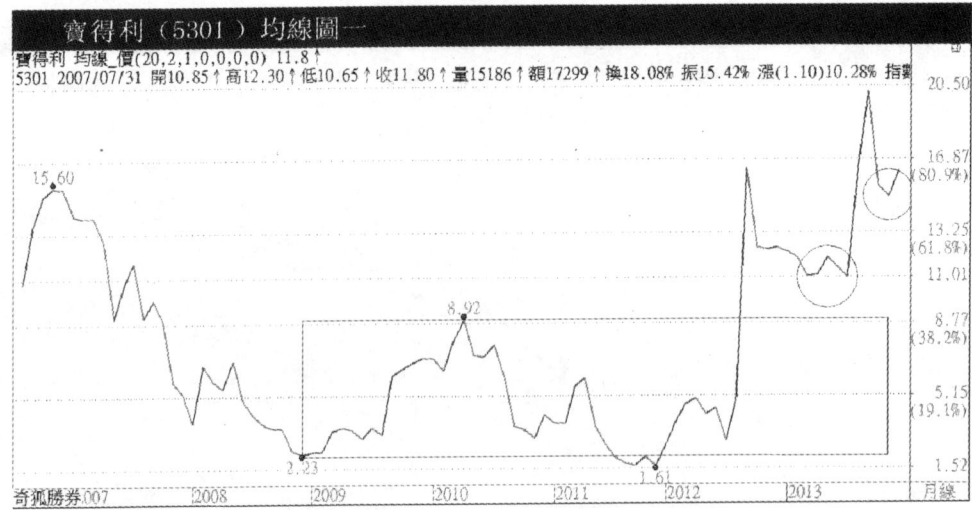

图 6-4

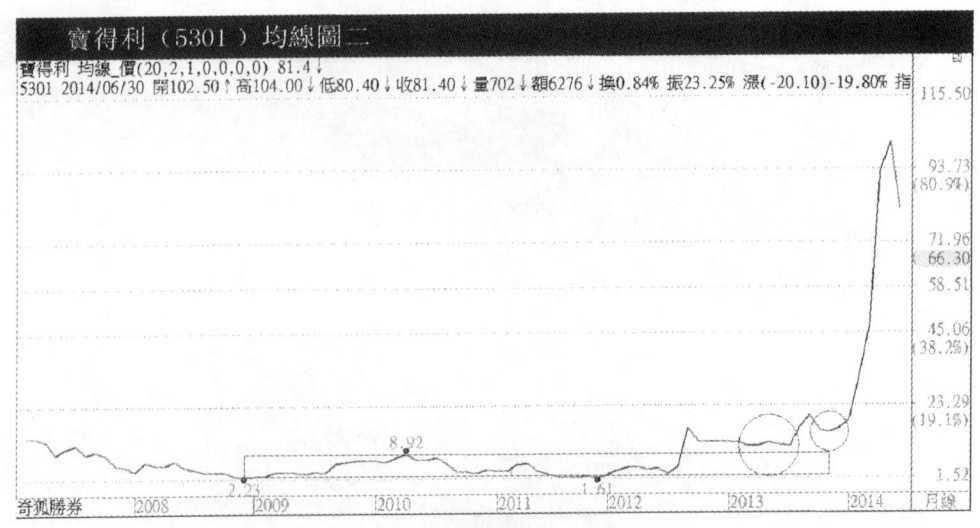

图 6-5

如图 6-6 所示,华耕周线图,我们先找出其收盘价的最低点,然后往前找出其次级波动的下跌次箱顶底出来,于图中从左边数来的第一个圆圈处为过下跌次箱底 8 回撤不破 8，收盘价一往上勾就买进。读者可以注意看 MA1 的箭头，当回撤时箭头是往下的，当某一天出现箭头一往上收盘之后就确认是不破，此时就是买进时机，不需要等待后面续涨创新高才知道不破。

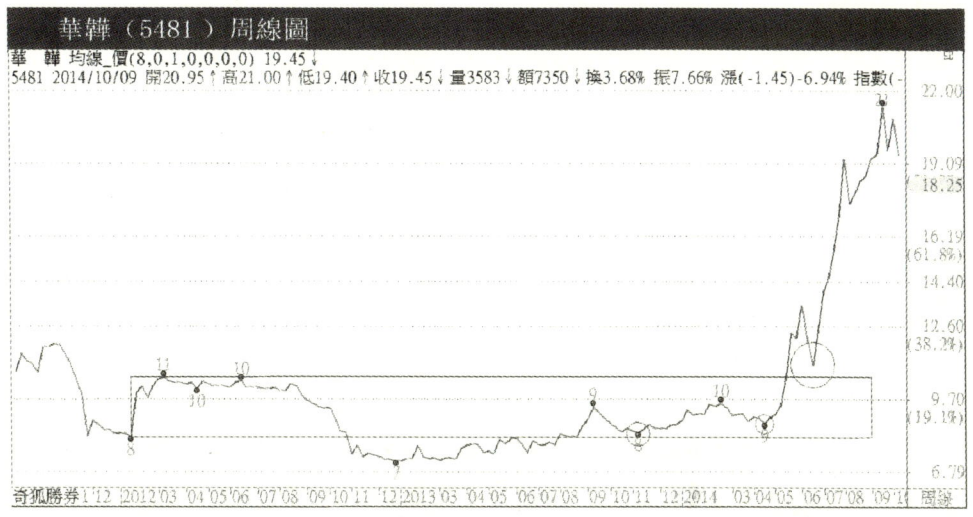

图 6-6

我们继续看图 6-6 从左边数来第二个圈圈处，同样出现过下跌次箱底 8，回撤不破 8，收盘价一往上勾就买进。我们可以发现这两次的买点，虽然买到当时的最低点，但是后面的走势是缓涨的行情居多，直到第三个圆圈处，出现过下跌次箱顶 11，回测不破 11，收盘价一往上勾就买进，后面快速上涨了快一倍。打蛇要打七寸，投资就是要抓住主升段，这显示箱波均的一招锁喉擒主升的必要性。

不同的范例出现同样的条件，后面都走出主升段，就能让我们更具信心，才能深信不疑。如图 6-7 所示，我们继续看美元的日线图，我们可以看到 1 处为过下跌次箱顶的信号，2 为破下跌次箱顶的信号，3 为又过下跌次箱顶的信号，4 为不破下跌次箱顶的信号，当出现破而不过下跌次箱顶为买进之时，后面果然走势轧空之走势。

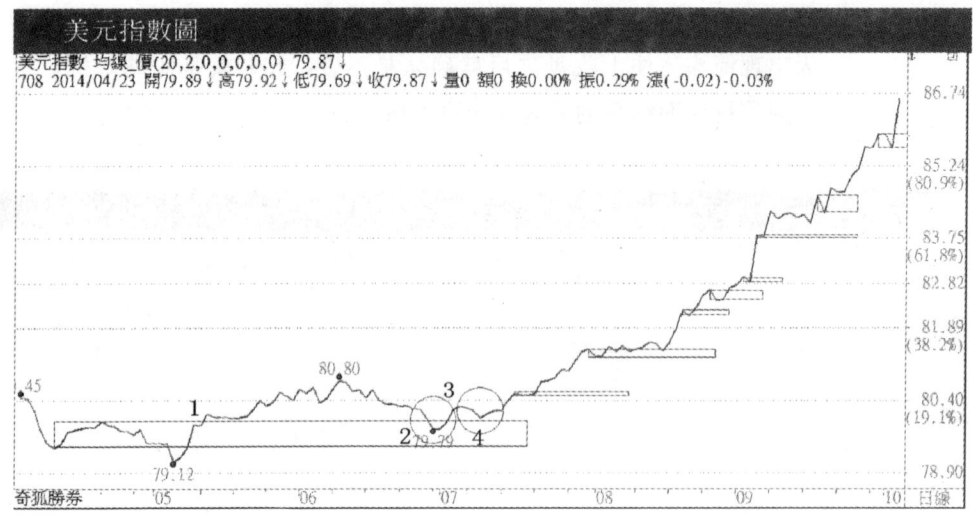

图 6-7

读者可以思考，任何商品都可视为主力进货、洗盘、出货等手法，因此主力的关键点被破过其意味着筹码没有洗干净，因此当有一天出现主力的关键点能够过而不破时，就是洗盘干净之时，因此到底是洗盘还是出货，利用箱波均的次箱操作法。就可以一目了然，无所遁形。

如图6-8所示，我们继续看光联周线图，当过顶不破顶的信号出现，股价走了回档箱不重叠的轧空走势，其涨幅也有一倍之多，这就是为何只操作自己熟悉的线型的好处。

如图6-9所示，看唐荣周线图，股价在次箱里面混了一年多，直到第一个圆圈处出现不破下跌次箱底，才出现一波的上涨，然后在第二个圆圈处出现过顶不破顶的信号，后面涨势就开始加速了。

第六章
箱波均之一招锁喉擒主升

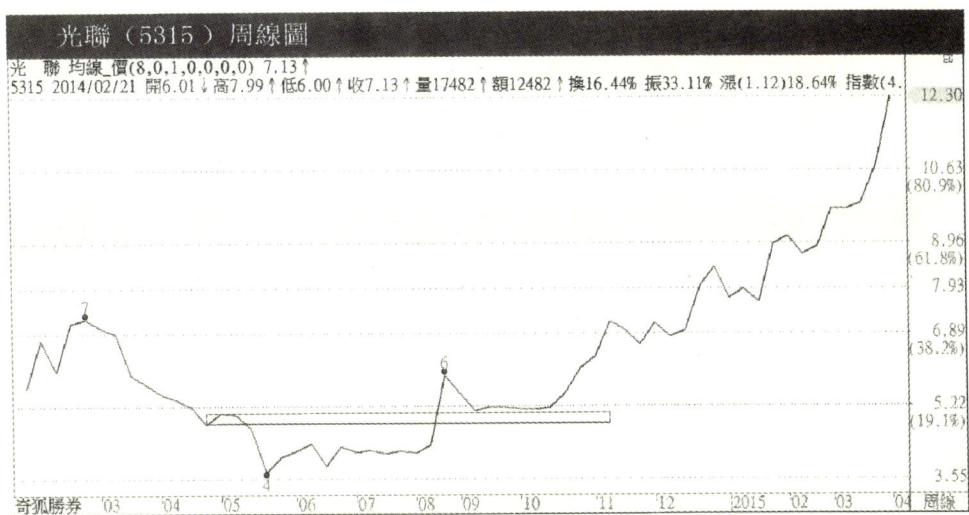

图 6-8

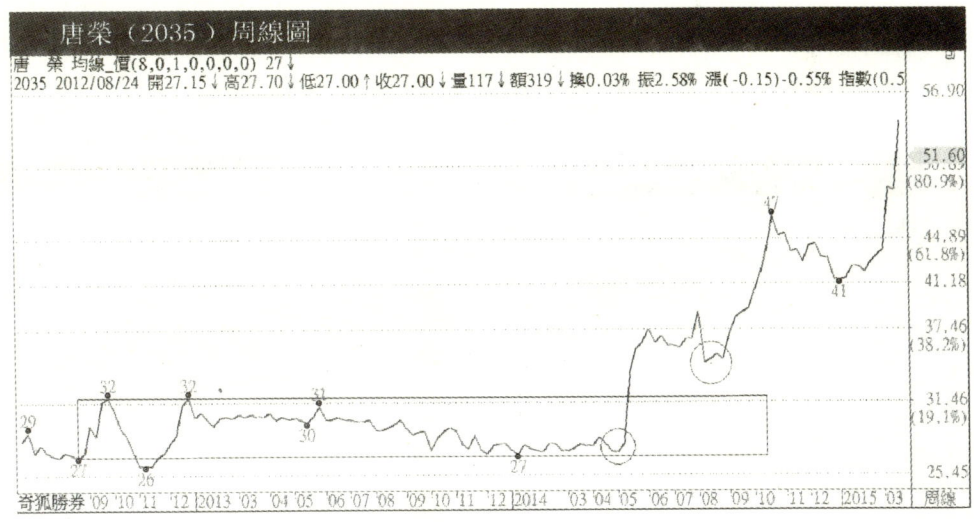

图 6-9

如图 6-10 所示，看力新日线图，我们找到收盘价最低点 5.55 往前找出其下跌次箱顶底出来，观察何时出现过顶不破顶的买进信号，于上图的圆圈处出现 MA1 的箭头由下往上之时，收盘确认往下勾个根即可切入。后面的涨势如图 6-11 非常惊人，我们利用过顶不破顶为轧空的前兆买进，方向和速度是已知，但是利润会多大就交给市场决定，不需要预设立场。

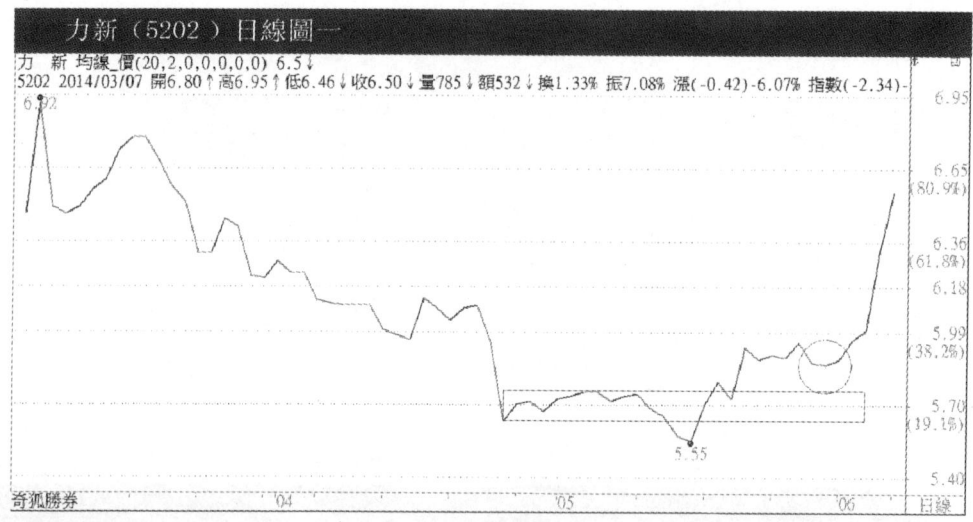

图 6-10

图 6-11

第六章
箱波均之一招锁喉擒主升

如图6-12所示，看单井周线图，我们可以找出其收盘价最低点16，然后往下找出其下跌次低反弹箱顶底出来，把下跌次箱顶底往右延伸，用来观察后面的涨跌盘走势，我们发现虽然股价后面的走势我们无法知道，但是我们可以寻找出什么样子才是要涨的样子。

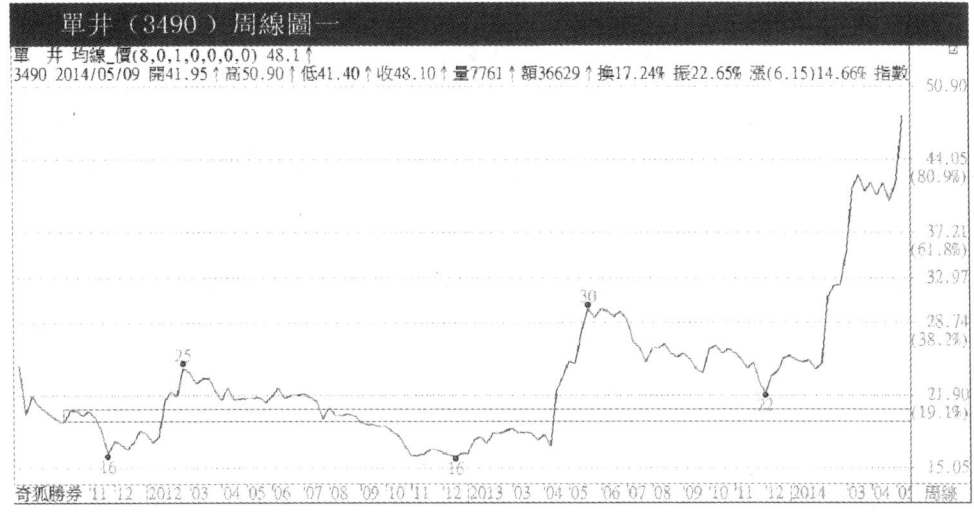

图6-12

打个比方，我们开一个店面，客人要进要出，一律都要从大门口进出，当客人在门口徘徊时，就是犹豫不决时，这就像股市的盘整一样，当客人从大门口进来询问价钱之后，走到门口处又再度回来时，此时成交要买物品的机率大增，这就像股市的过顶不破顶之时。当然也有可能客人从大门进来询问价钱几次之后，最后不考虑买，走出大门口的情景。这就如过顶不破顶买进之后，设好停损，不如预期时就是小赔出场。就如客人询问几次之后不买了，您会说早知道就不要浪费时间跟他解释商品了？因为在做生意中，这些都是必然要花费的开销，没有每一笔生意都会成交与成功的，在投资的路上，小停损是必然的开销，我们可以寻找最大的可能机率做进场，然后做好可接受合理的小停损，然后利润由市场决定。

如图6-13所示，单井周线图，为了我们一直强调过而不破才能买进，因为此口诀为研判真假突破的关键条件，如上图又过又破出现盘整形态，当您买进就需要忍受套牢两年的时间，然后才有享受倍数的获利，不如于过顶不破顶的 22 处做进入，后面享受快速远离成本的主升段的成果呢！就如图 6-14 为单井的月线图，其过而不破下跌次箱底是在第三次的圆圈处，当前面两次小破您发现就是需要时间证明不破才会往上轧空，这就是不疾而速的赢家方程式，就是一招锁喉擒主升的妙用之处。

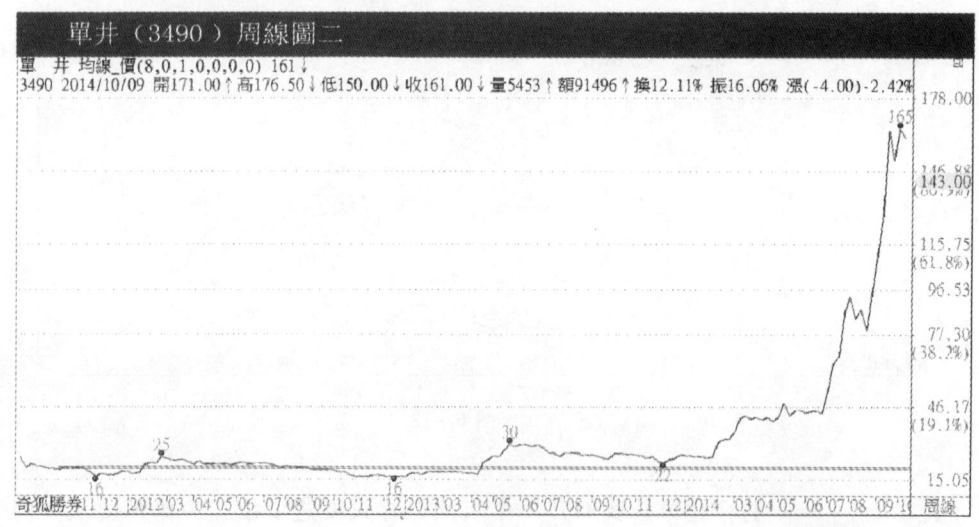

图 6-13

如图 6-15 所示，研华月线图，我们找出其下跌次箱顶出来，我们发现第一个圆圈处为过顶不破顶的一招锁喉擒主升的买点，后面我们又可找出更大级数的下跌次箱顶，第二个圆圈处出现过顶不破顶的轧空加码信号，股价又再多一倍以上涨幅。

如图 6-16 所示，新丽周线图，我们可以找出其下跌次箱顶为 22.7，于第一个圆圈处刚好收在 22.7，第二个圆圈是回撤高于 22.7，后面真如箱波均的一招锁喉擒主升的买点，涨幅高达三倍以上。

第六章
箱波均之一招鎖喉擒主升

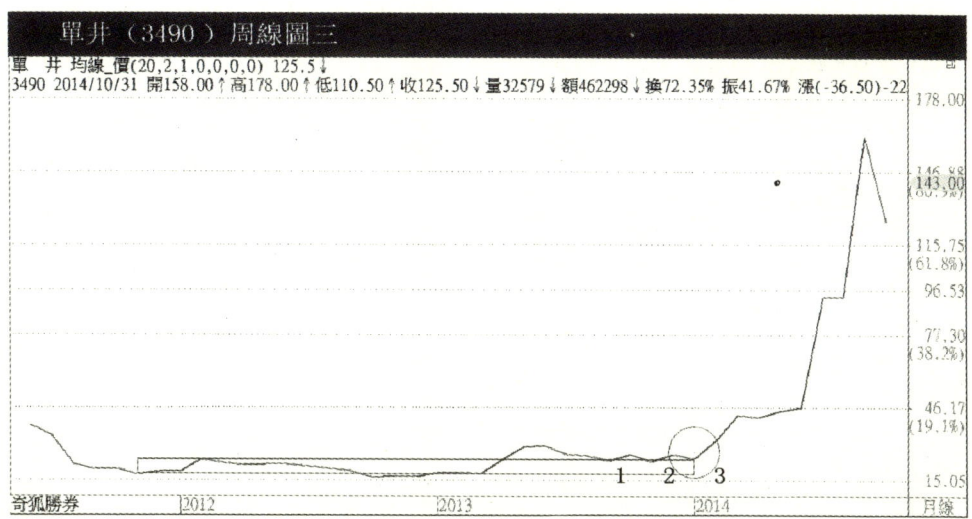

图 6－14

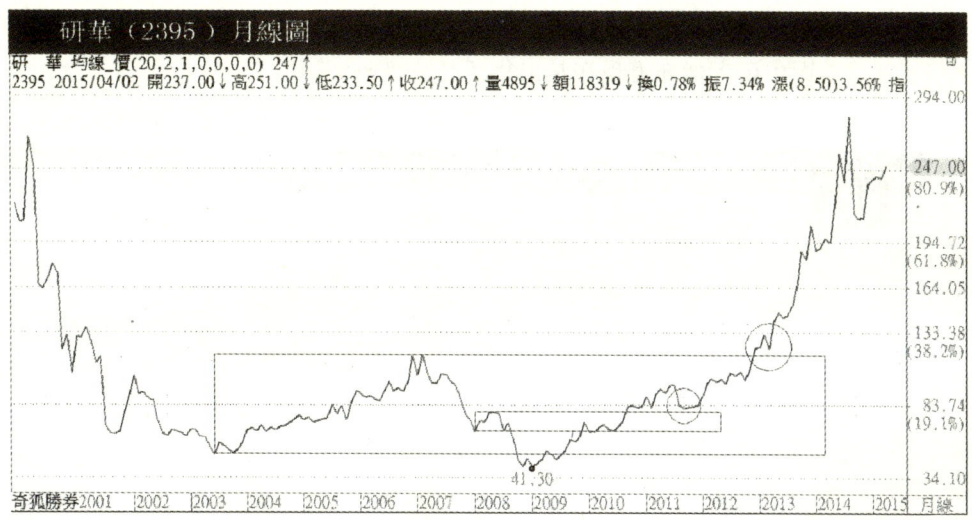

图 6－15

图 6-16

到底是出货还是洗盘？怎知何时才会发动？

如图 6-17 所示，全谱从 9.2 涨到 28.2 出现大回档的修正，在图中读者能知道现在是出货还是洗盘吗？

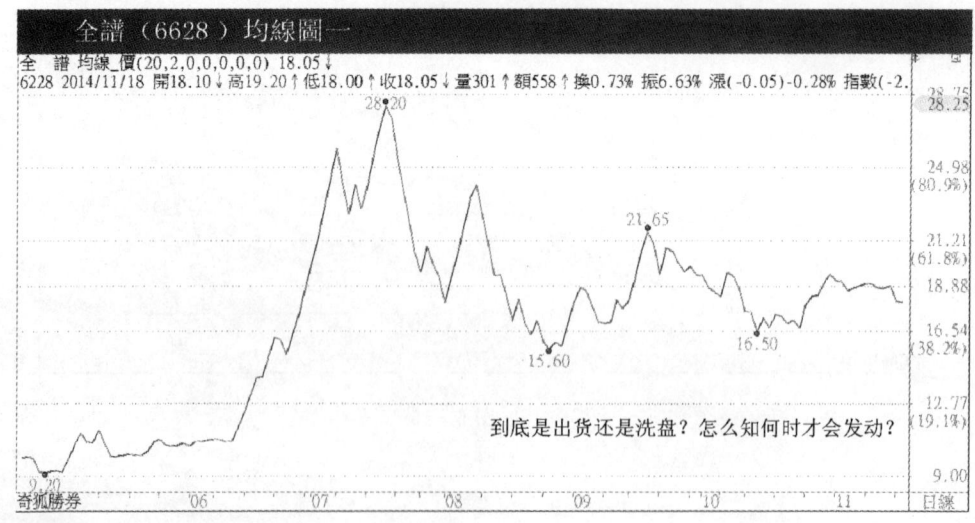

图 6-17

第六章
箱波均之一招锁喉擒主升

如图 6-18 所示，全谱日线图，我们找出其下跌次箱顶底出来，于 1 处小跌破箱顶，于 2 处触及箱底，在第三个圆圈处才出现过顶不破顶的信号，此时我们就知道洗盘结束后面要飙涨了，这就是箱波均的一招锁喉擒主升的妙用。

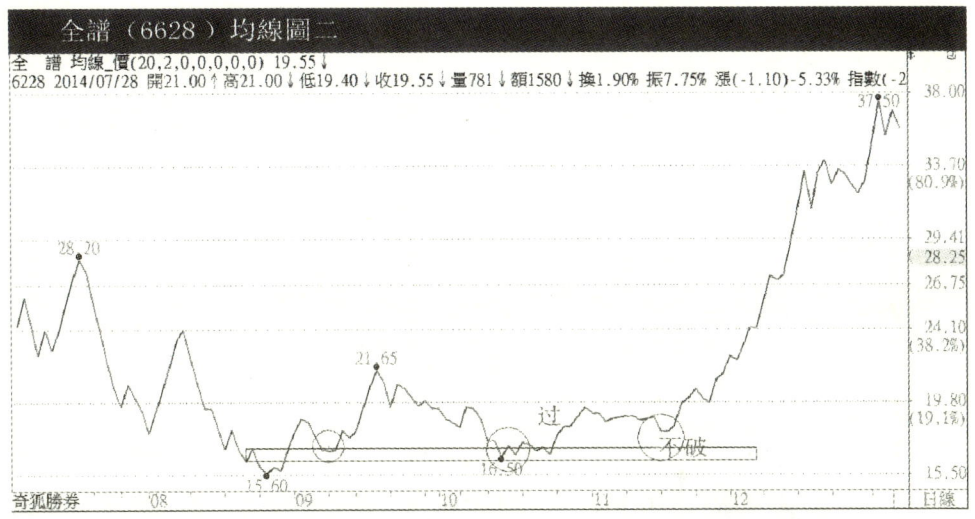

图 6-18

如图 6-19 所示，看全谱周线图，我们可以找出收盘价最低点为 4，往前找出其下跌次箱顶底出来，我们发现从左边数来第一个圆圈处出现回撤不破下跌次箱底 5 的拉回买点，于左边数来的第二个圆圈处出现回撤不破下跌次箱顶 7 的轧空前兆买点，后面股价涨到 28 元。

读者可了解当过顶不破顶时买进，经过不到一年涨幅有四倍，这样就是不疾而速，以逸待劳的赢家方程式。而第三个圆圈处也出现过顶不破顶的信号，后面也是走出快速喷出的走势，由此可见，正确的事情不断的作，箱波均真能一招锁喉擒主升，能不能等待这个信号出现才出手，且不断的依照此方法持续遵守纪律去操作就是各位的修练了。一旦各位修练完成，恭喜您拿到长期赢家的证书，必定能赚多赔少的累积财富了。

图6-19

从以上这些范例读者可以体会到，原来箱波均定义次箱是有其关键枢纽与妙用的。当上涨阻断其上涨趋势动力暂歇，需等候后面的新能量点燃动力才能继续发动，否则就会开始下跌的波动行情。我们继续看图6-20和旺的周线图，左边第一个圆圈处，我们可以发现它出现过而不破下跌次箱顶的信号，后面走势往上是确定的，直到最高点出现之后，我们把上涨次箱顶底给找出来，发现50和49都出现破顶不过顶的逆转浪而下的信号。最后股价从高点56.2元跌到16元。

箱波均的缺口操作法简单明了，让我们不预设多空，只依照止跌缺口买进，止涨缺口卖出，什么杂讯都不要看，结果却能每一段转折都能赚到。

箱波均的次箱操作法指方立相，只在关键处出现一招锁喉擒主升才动作，其余信号都放弃，结果能够达到以逸待劳擒主升的妙用。

如图6-21所示，和旺周线图，从56.2元跌到16元，何时会由空转多呢？我们找到收盘价最低点16元，往前找出其下跌次箱顶底出来，我们发现图中的圆圈处出现过而不破23元的买入信号，后面

第六章
箱波均之一招锁喉擒主升

图 6-20

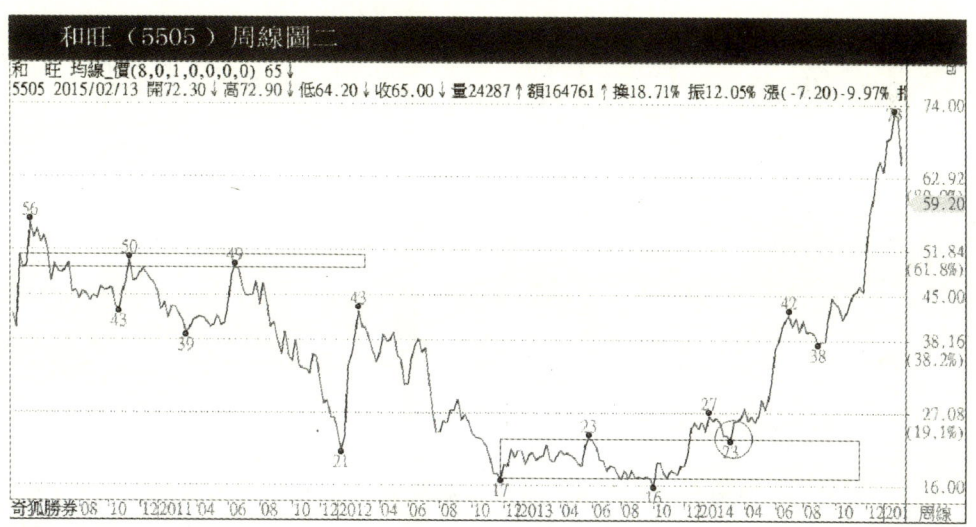

图 6-21

股价涨到 73.9 元，其利润有超过三倍之多。

从图中的高点附近，我们不容易看出形态学里面的 M 头在哪？

股价却往下大跌，从图中的低点附近，我们也不容易看出形态学的W底在哪？股价却往上大涨，形态学有多种作头或作底的组合形态，若可以以一贯之，只用一个关键研判所有形态学的关键，这不就是大道至简的好方法吗？

本书一路走来，读者可以发现要上涨必有一个关键要克服突破，要下跌必有一个关键要克服跌破，找出这个关键枢纽就是箱波均的次箱处，由于缺口总在次箱处，因此次箱和缺口是一不是二，终于达到万法归一的箱波均招式油然而生。

如图 6-22 所示，实威日线图，我们找出其下跌次箱顶底出来，于图中的圆圈处出现回撤不破下跌次箱顶的信号，后面整理一段时间后股价快速往上飙涨。

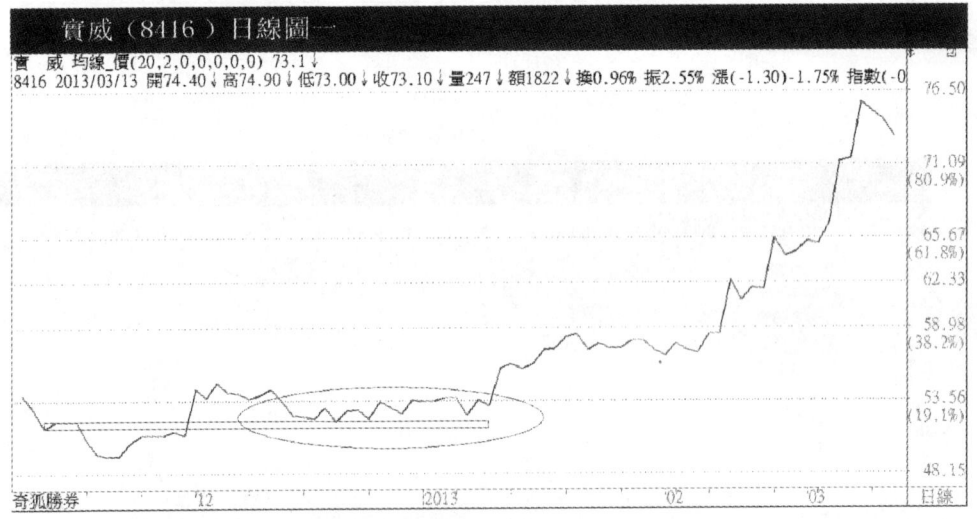

图 6-22

如图 6-23 所示，当股价飙涨到 124 元之后出现修正回档的整理，我们如何知道何时整理结束又要再度往上飙涨呢？我们把当时的下跌次箱顶给找出来，其下跌次箱顶为 106 元，第一个圆圈小幅收破 106 元，第二个圆圈处刚好不破 106 元后面就开始快速飙涨。

第六章
箱波均之一招锁喉擒主升

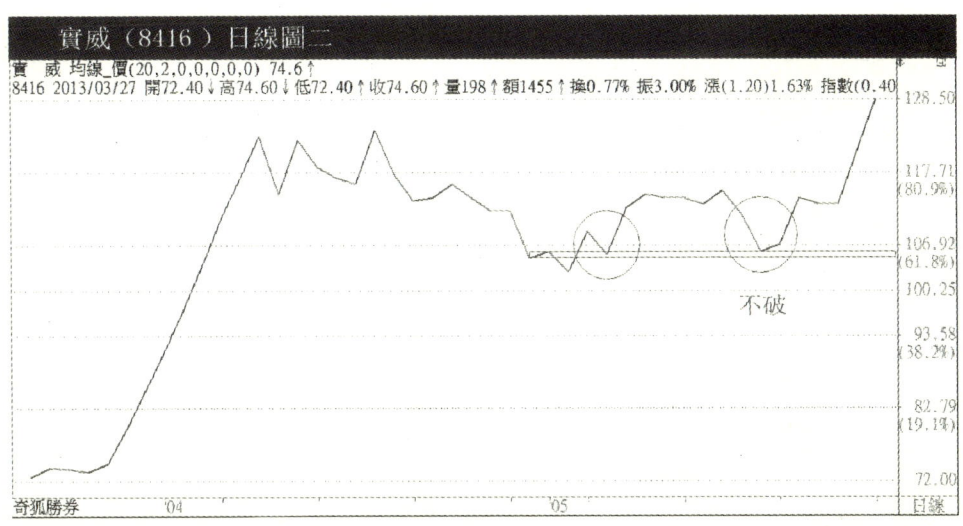

图 6-23

如图 6-24 所示，从实威日线图我们发现过顶不破顶真的是一招锁喉擒主升，后面的走势都是大波段的利润，操作不就是想要找这种行情吗？到最后投资人怎会沦落到只赚蝇头小利呢？因为知道的越多，杂讯就越多，不如简单又正确的一招半式，制心一处，长期薰修，无事不办。图 6-25 为实威的周线图，出现过而不破下跌次箱顶，后面的走势也是非常惊人。读者须知，过而不破，其方向是确认已知的，后面的利润有多大就让市场决定，我们只要持续的做画箱待缺口的动作即可。

如图 6-26 所示，我们看新钜科周线图，我们把次级波动的下跌次箱顶底给画出来，我们发现股价又过又破，直到有一天出现在图中左边数第二个圆圈处，非常刚好的不破下跌次箱顶，后面走势就快速往上飙涨数倍。第一个圆圈处是止跌缺口的买进信号。

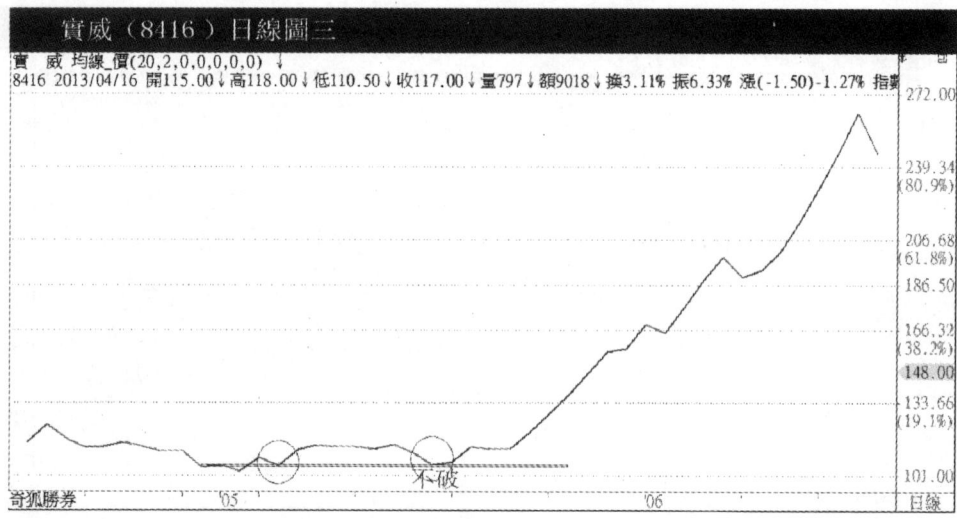

图 6-24

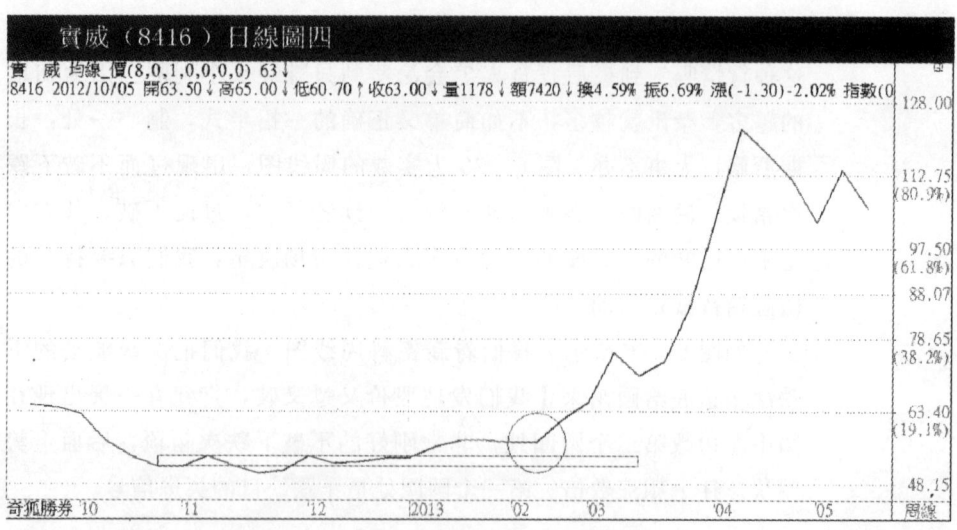

图 6-25

第六章
箱波均之一招锁喉擒主升

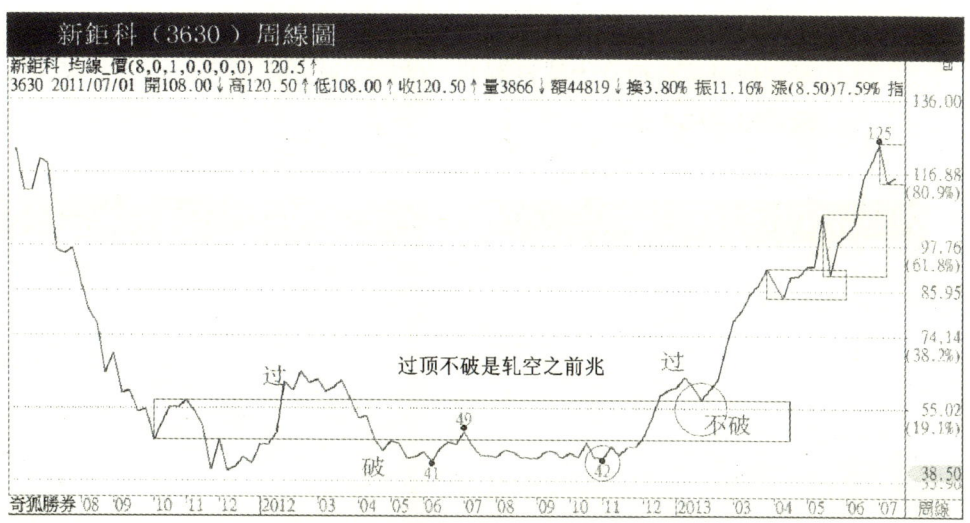

图 6-26

如图 6-27 所示,从瑞传的周线图我们可以找出其下跌次箱顶底出来,当上图的圆圈处出现过顶不破顶的信号,后面也涨幅接近一倍利润,此为一招锁喉擒主升的绝招。

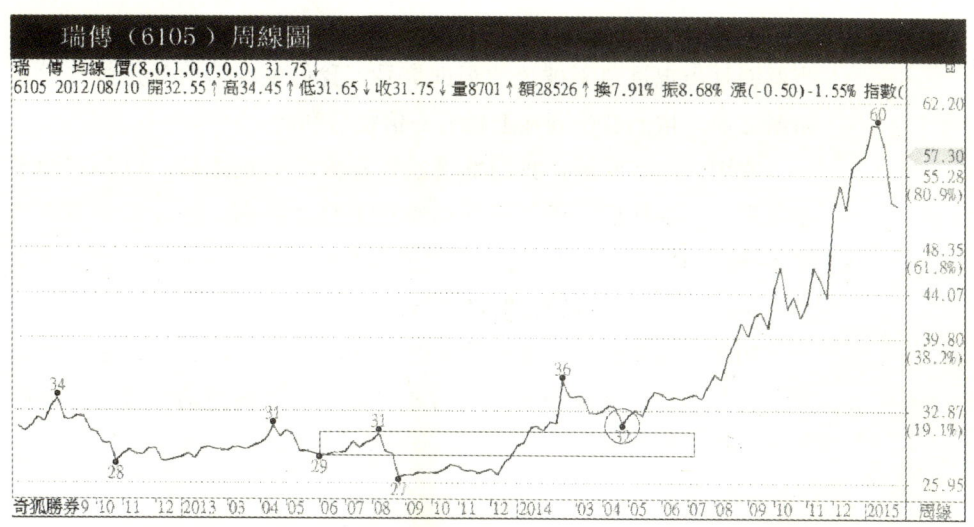

图 6-27

如图6-28所示，泷泽科的日线图，我们找出其下跌次箱顶底出来，于圆圈处出现收盘价不破下跌次箱顶，往上一勾就是买进信号，做对了后面有大波段利润，做错了设好停损只会小赔，这就是赚多赔少的本意。

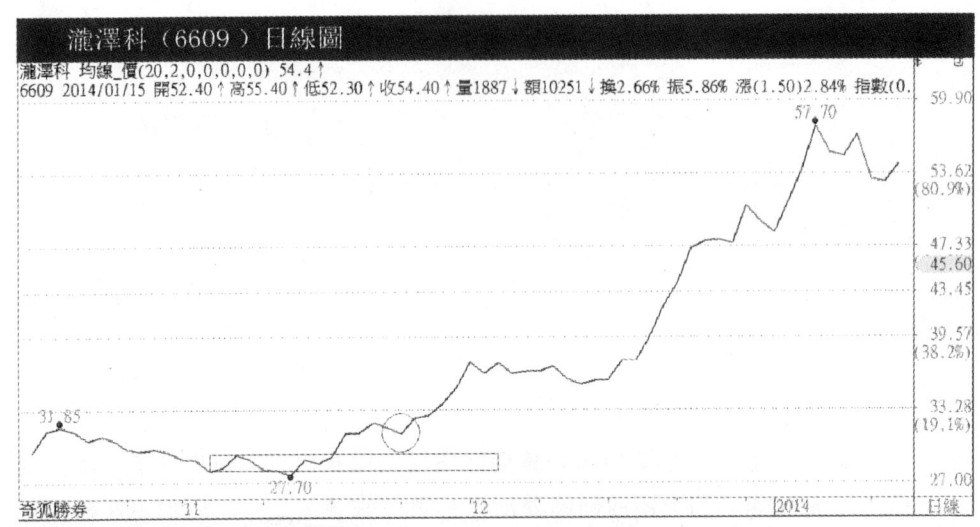

图6-28

如图6-29所示，宝雅月线图，我们找出其下跌次箱顶底出来，当圆圈处出现过顶不破顶的买进信号，我们发现后面的走势在没有阻断之前，依然有达到往上接近一倍幅的利润。

如图6-30所示，我们发现过顶不破顶买进之后，以为利润不是很多，结果依照不断的画回档箱往上移动停利，经过四年多高达快10倍的利润，这就是过而不破方向是已知的，后面的利润交由市场决定，我们只要画箱待缺口即可。

如图6-31所示，安碁的线图，我们把其下跌次箱顶底给画出来，此标的物经过快一年的时间才出现过顶不破顶的信号，后面涨幅也高达一倍利润！

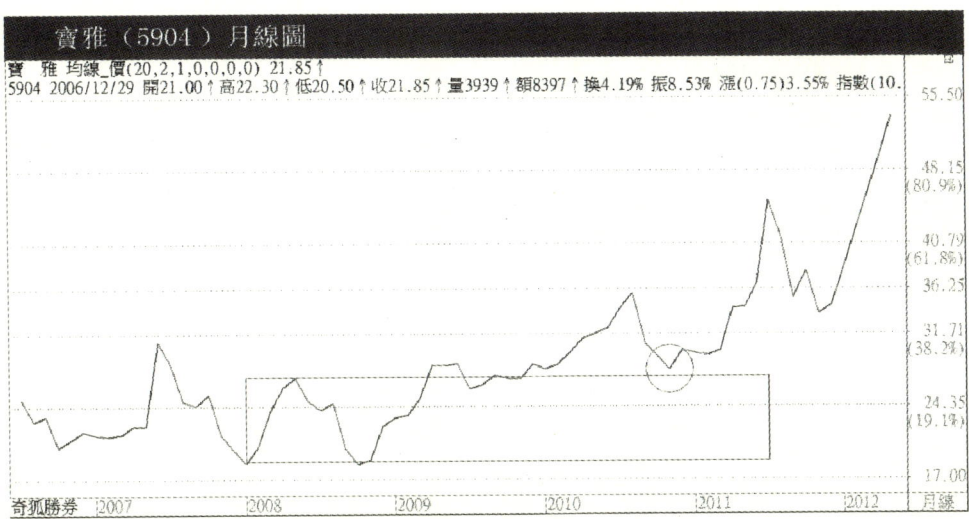

图 6-29

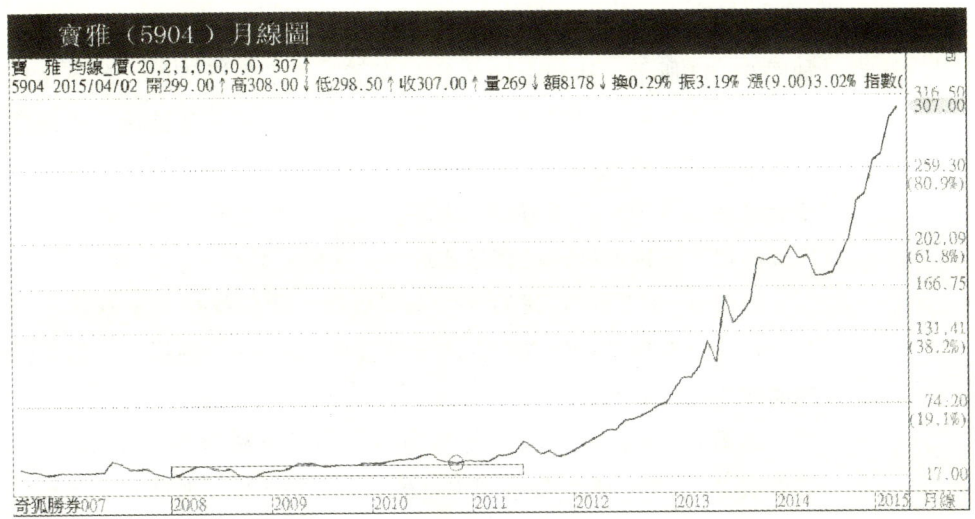

图 6-30

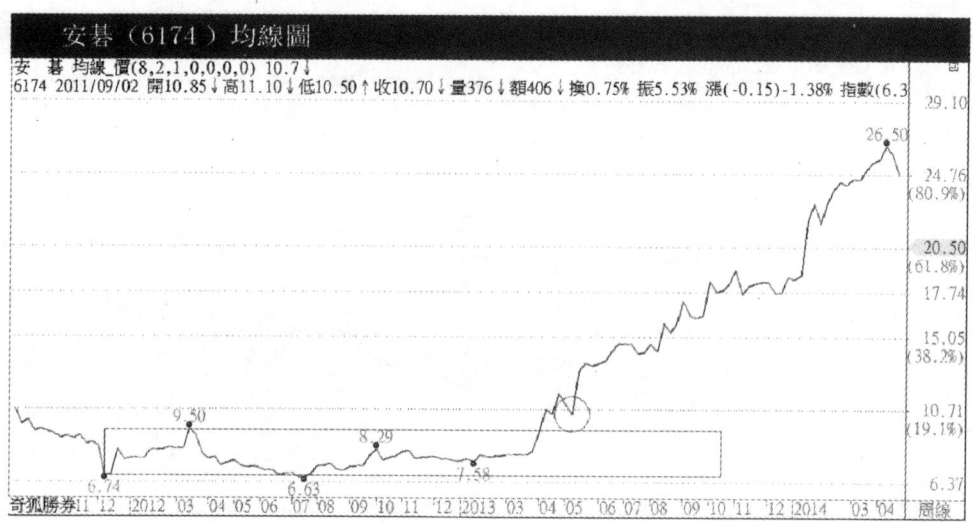

图6-31

如图6-32所示，从高点往下不断的往下盘跌，我们找出其下跌次箱顶底出来，直到圆圈处出现买入信号之后，后面的走势涨幅如图6-33所示，达到近四倍的利润了。这里告诉我们，若不想以逸待劳的等待一招锁喉擒主升的信号，最好的状况就是您会买进之后被套牢几个月甚至几年才涨，小资金是要灵活运用的，又何必把资金耗在这里呢？不如寻找出有机会的几档自选股，然后等待哪一次真的出现过顶不破顶的信号才进场，这样才是有效率的投资法门。

如图6-34所示，我们看大塚周线图，我们找出其下跌次箱顶46.8，股价整理了一年左右，才出现过而不破46.8的信号，后面的利润高达近三倍的。

如图6-35所示，我们把皇田月线图的下跌次箱顶给找出来，其数值为28.35，我们发现图中过破28.35很多次，时间长达3年之久，于图中的圆圈处出现过顶不破顶的信号，就是最佳的买进信号。

第六章
箱波均之一招鎖喉擒主升

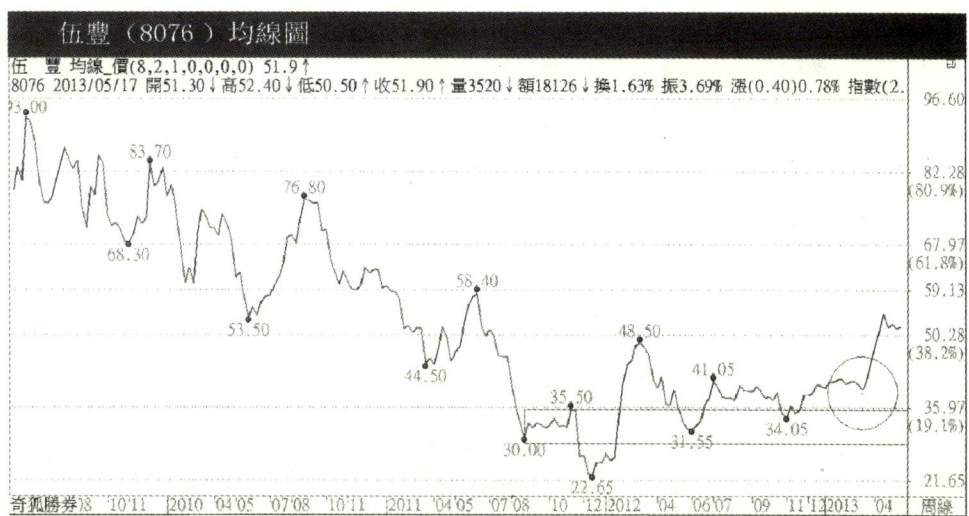

图 6－32

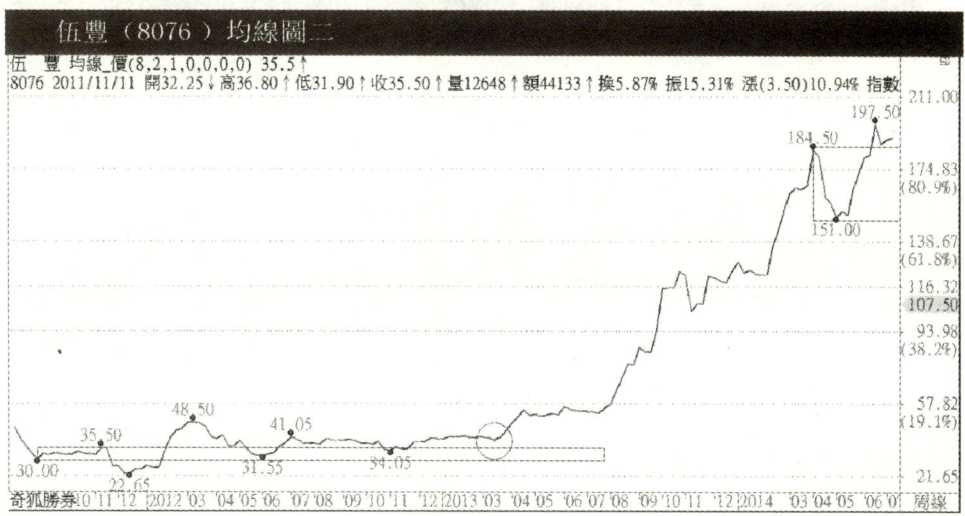

图 6－33

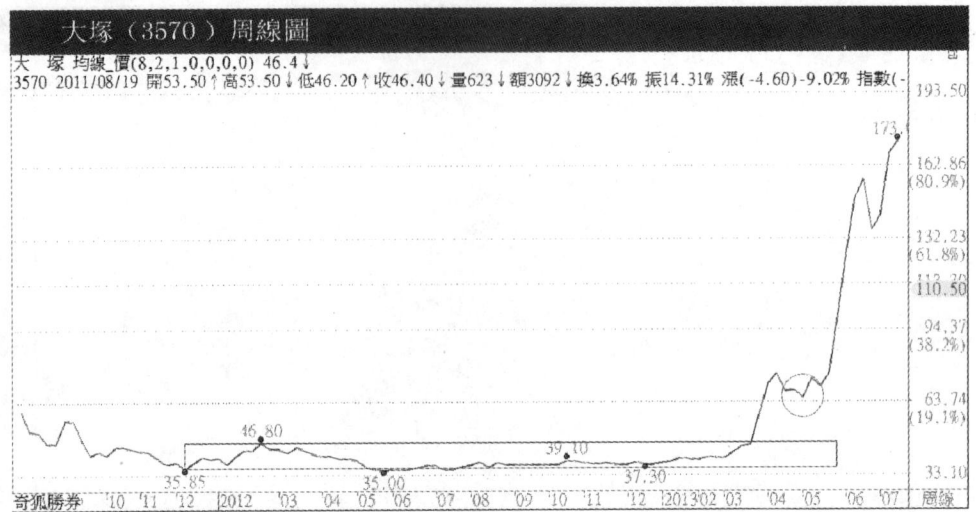

图 6-34

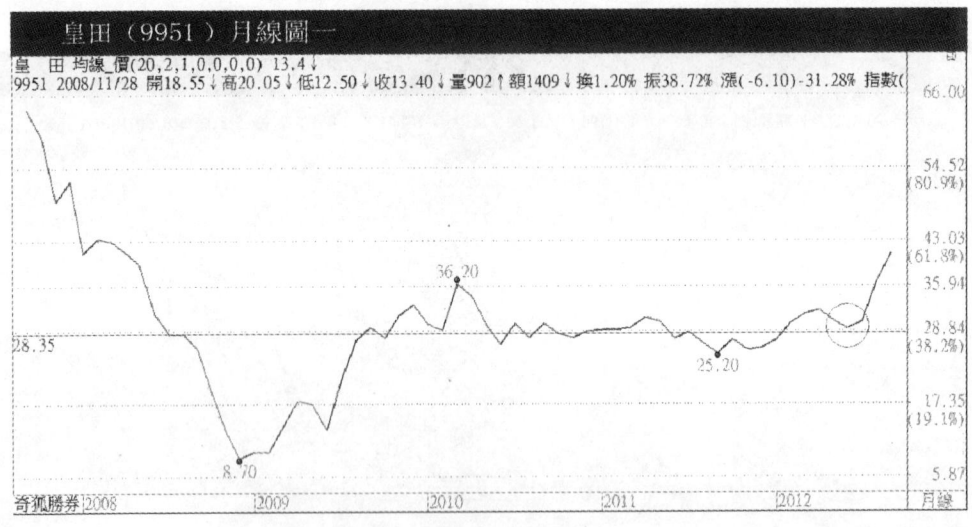

图 6-35

如图 6-36 所示,从皇田月线图,我们发现股价在 28.35 元附近折腾了 3 年,最后真的出现过顶不破顶的买入信号,后面的涨势非常惊人有四倍之多,这就是以逸待劳擒主升的威力。

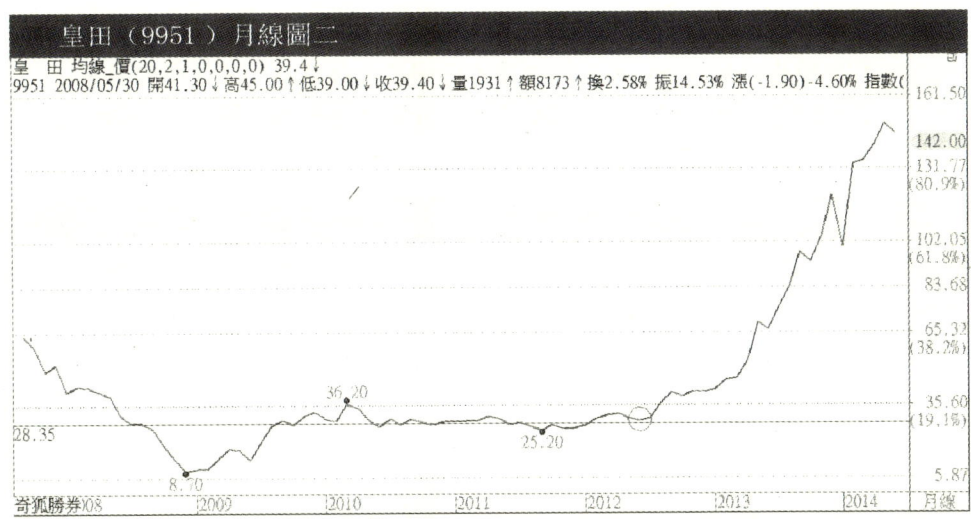

图 6－36

如图 6－37 看美时周线图，我们找出其次级波动的下跌次箱顶底出来，我们发现股价在这下跌次箱顶整理高达一年之久，最后于图中的圆圈处出现过顶不破顶的买进信号，此时就不容犹豫的下单买进。

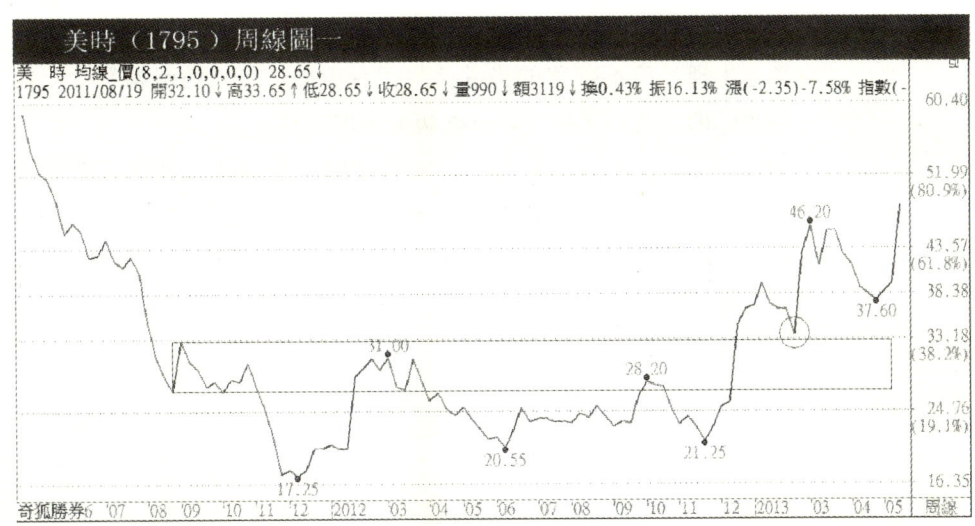

图 6－37

如图 6-38 所示，于圆圈处买进之后，我们发现刚开始股价并没有涨幅很多，但是回档箱不断的往上移动，上涨没有受阻断之下，涨了约 2 年利润高达四倍之多，这就是以逸待劳擒主升。

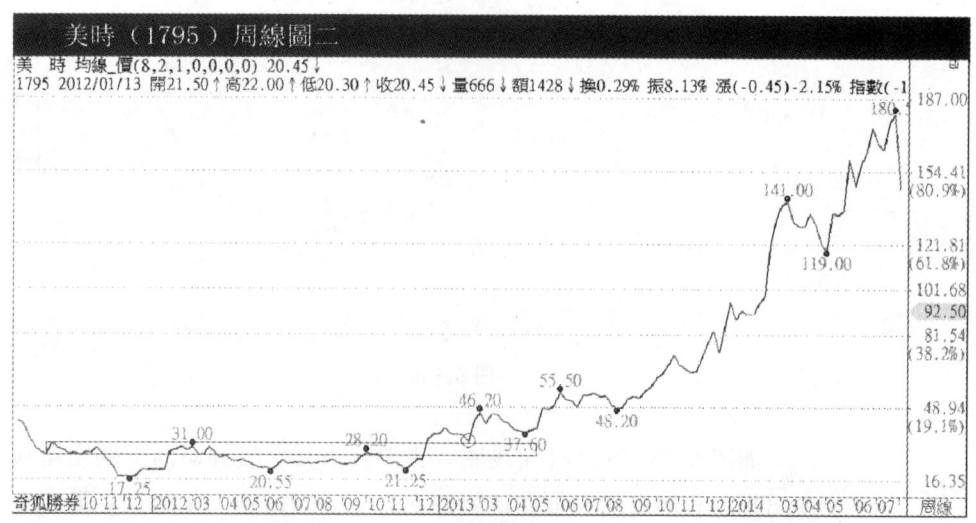

图 6-38

如图 6-39 所示，为品安月线图，我们把上涨次箱顶底给找出来，当股价过上涨次箱顶之后，股价又破下跌次箱顶，一直修正 2 年多才出现过顶不破顶的买进信号，后面超过一倍的涨幅利润。简单易操作的方法持续操作，自然迈向赢家之路。

如图 6-40 所示，我们看钜明周线图，我们找出其次级波动的下跌次箱顶底出来，如图中的圆圈处刚好出现过顶不破顶的信号，当过顶之后的不破底收盘价一往上勾，就是买进信号，守好停损，不容犹豫的进场，当下一勾就是确认信号。

第六章
箱波均之一招锁喉擒主升

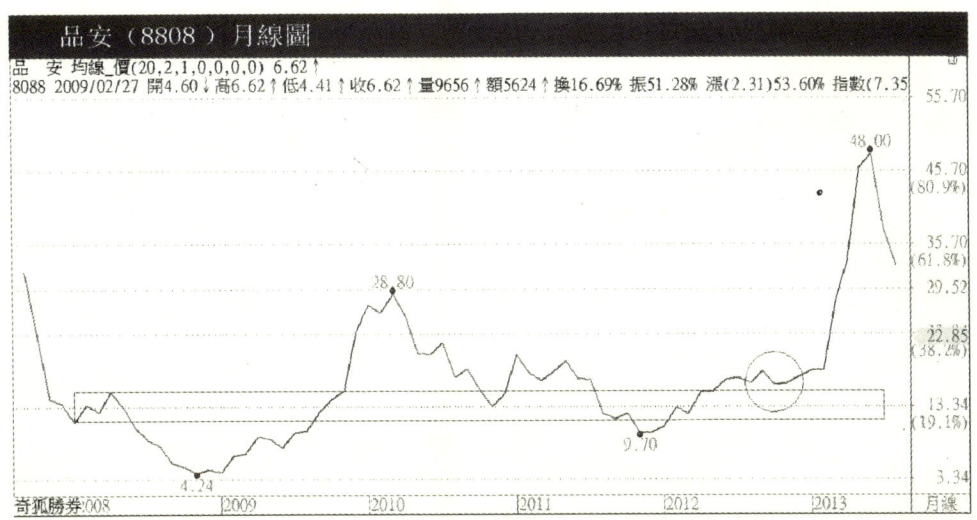

图 6-39

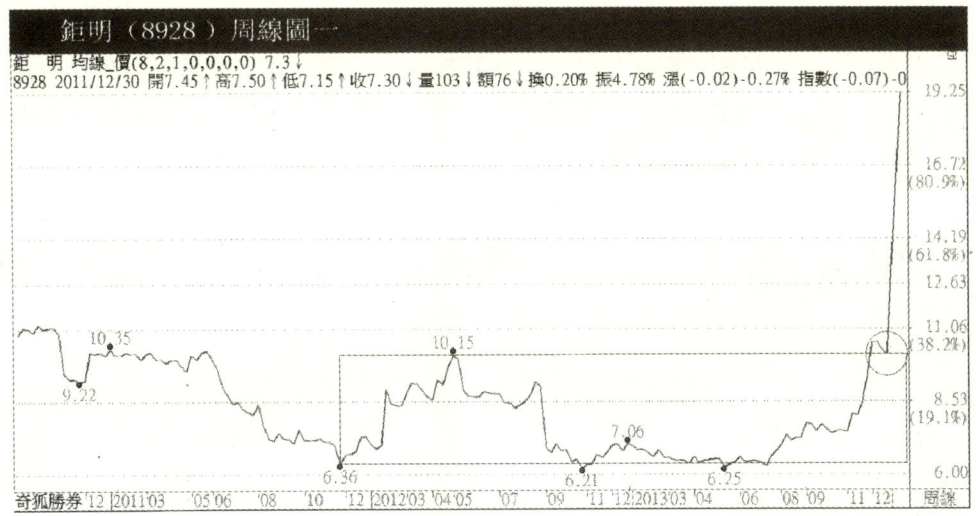

图 6-40

如图 6-41 所示，在圆圈处买进之后，后面的股价每次的回档箱都给画出来，我们发现回档箱都不重叠，股价不断的垫高往上，涨幅也有三倍之多，成功的范例越多，越能让我们增强信心。

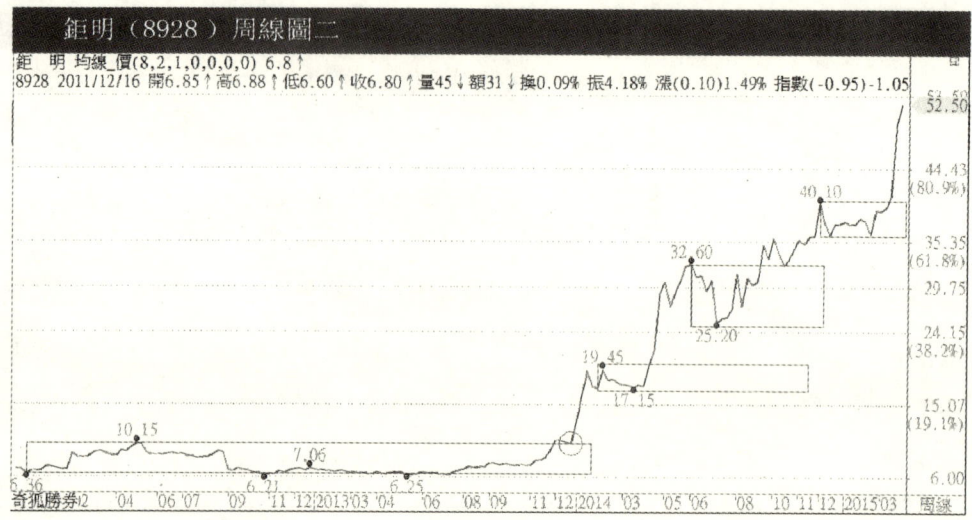

图 6-41

如图 6-42 所示，光联的周线图，我们找出其下跌次箱顶底出来，后面的圆圈处出现过顶不破顶的信号，买进之后，股价涨幅超过一倍多，读者可以画出其次级波动的回档箱不重叠的走势不断的往上移动停利即可。

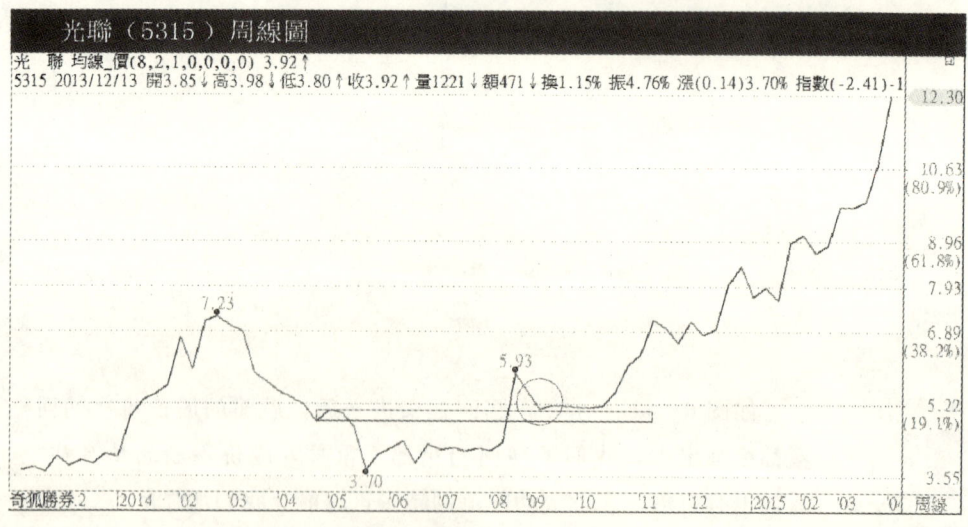

图 6-42

如图 6-43 所示，我们看三芳日线图，其下跌次箱顶为 30，当圆圈处出现过顶不破顶之后，股价快速往上涨幅超过四成的利润，我们会发现这一个招式，不论在哪一个周期都是适用的。

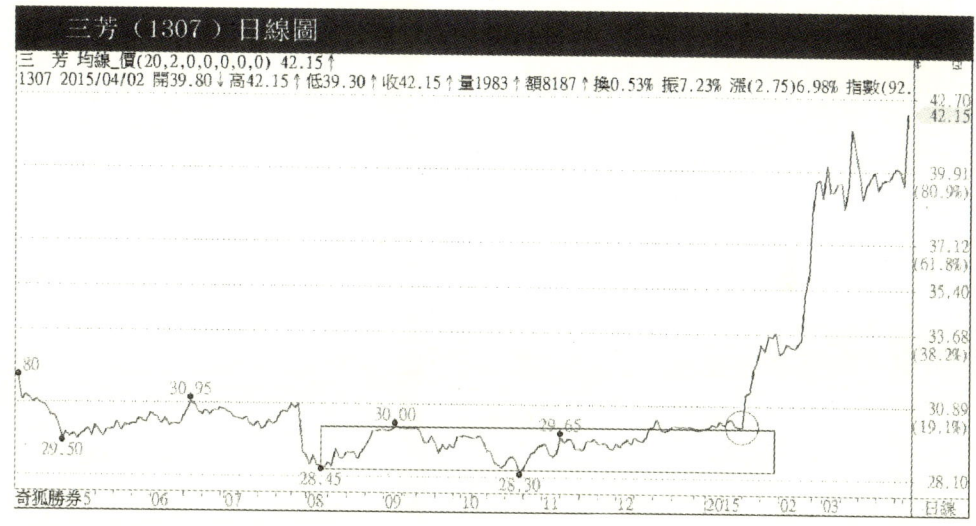

图 6-43

如图 6-44 所示，我们看艾笛森的周线图，我们画出当时的下跌次箱顶底出来，结果后面走势出现又过又破，之后出现破而不过顶的信号，后面的走势就往下波动，这告诉我们只要专心于箱波均八字箴言，操作就变得十分简单了。

如图 6-45 所示，我们看台指期周线图，当我们把下跌次箱顶底给画出来，股价出现过顶不破顶的信号，后面的走势高达两千多点的利润，这也是期货大波段操作者最想要的利润。

如图 6-46 所示，我们把上涨次箱顶底给画出来，当破而不过上涨次箱底后面的走势在 1 处出现一波下跌走势，在 2 处出现更大的一波下跌走势。简而言之，破底不过底，下跌方向是已知的，后面的利润由市场决定。

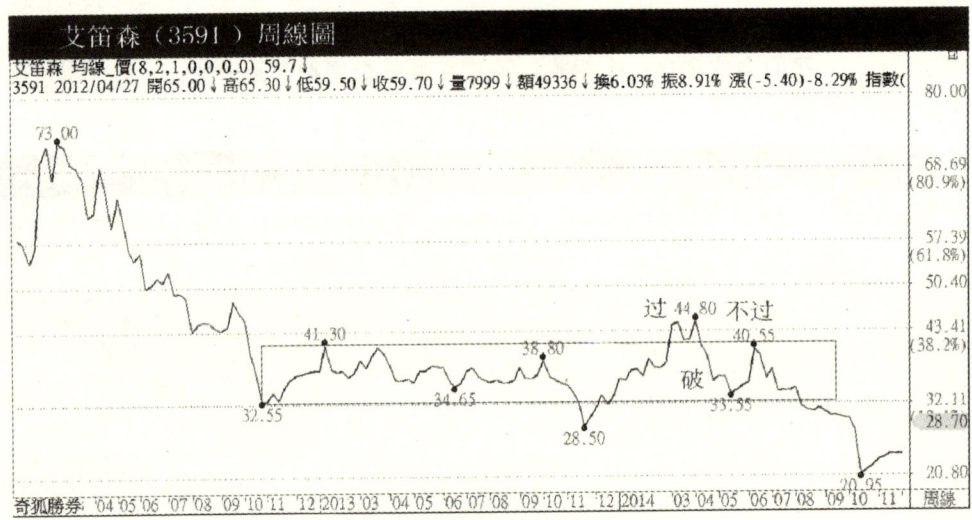

图 6-44

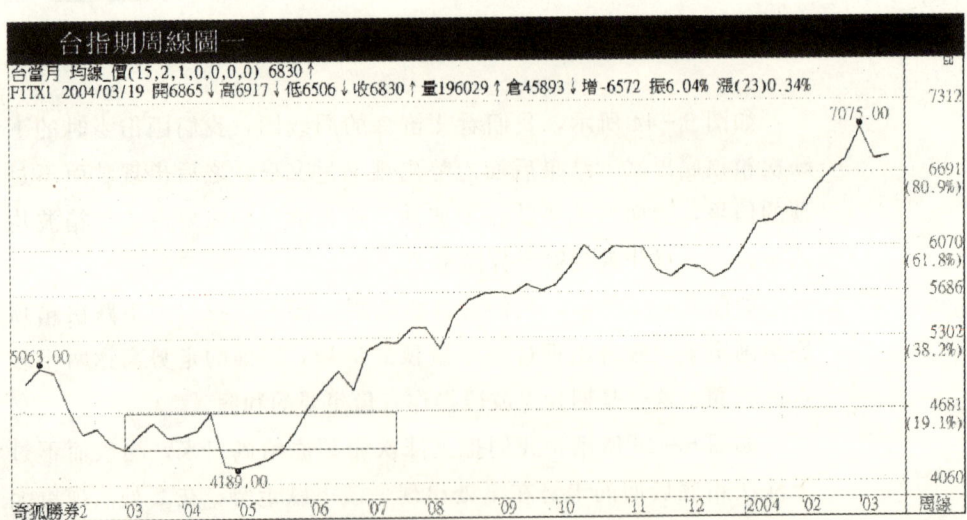

图 6-45

第六章
箱波均之一招锁喉擒主升

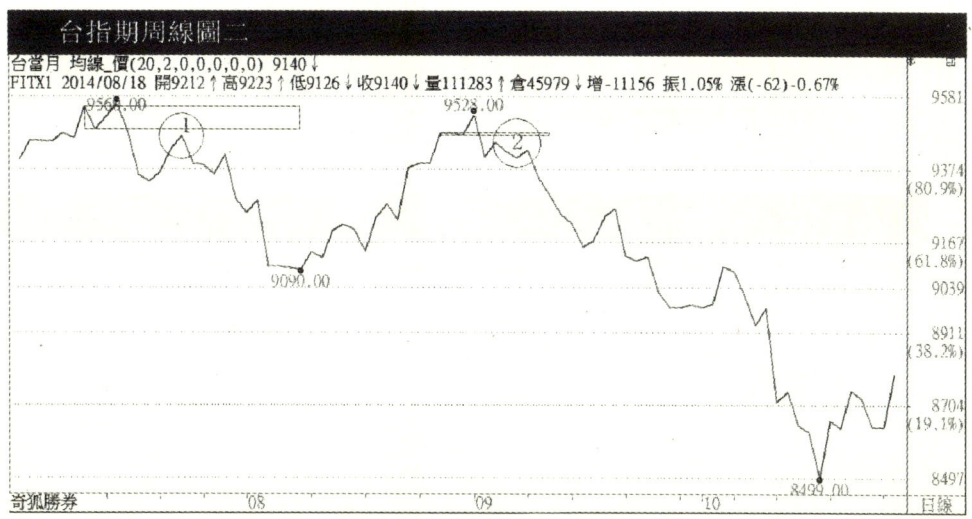

图 6-46

如图 6-47 所示，我们继续看台指期的周线图，把上涨次箱顶底给画出来，我们发现圆圈处出现破底不过底为杀多之前兆，后面的走势跌幅有两千点之多，这就是以逸待劳擒主升。

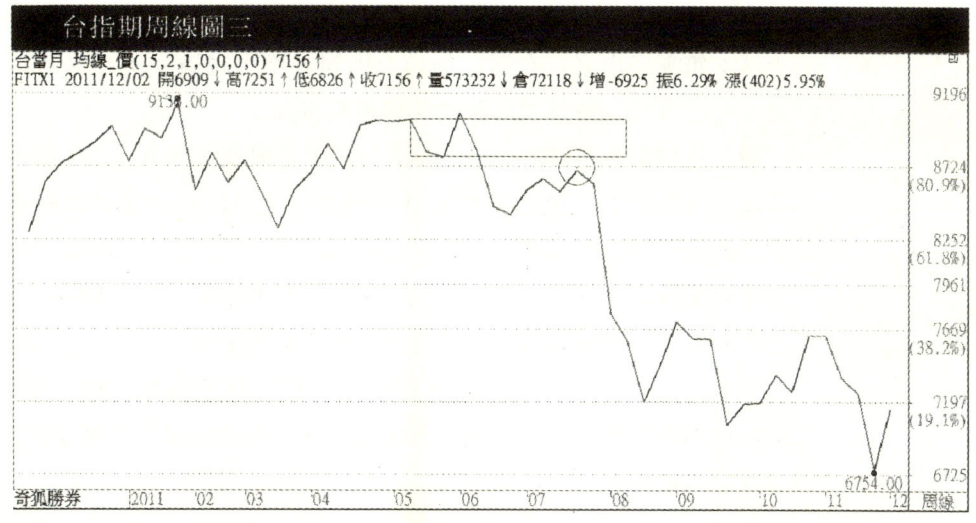

图 6-47

如图6-48所示，台指期周线图，我们可以找到9676这边的上涨次箱顶底出来，于9246这边也可以找出其上涨次箱顶底出来，第一个圆圈处为左边的上涨次箱底破而不过的空点，第二个圆圈处为自己的上涨次箱底破而不过的空点。

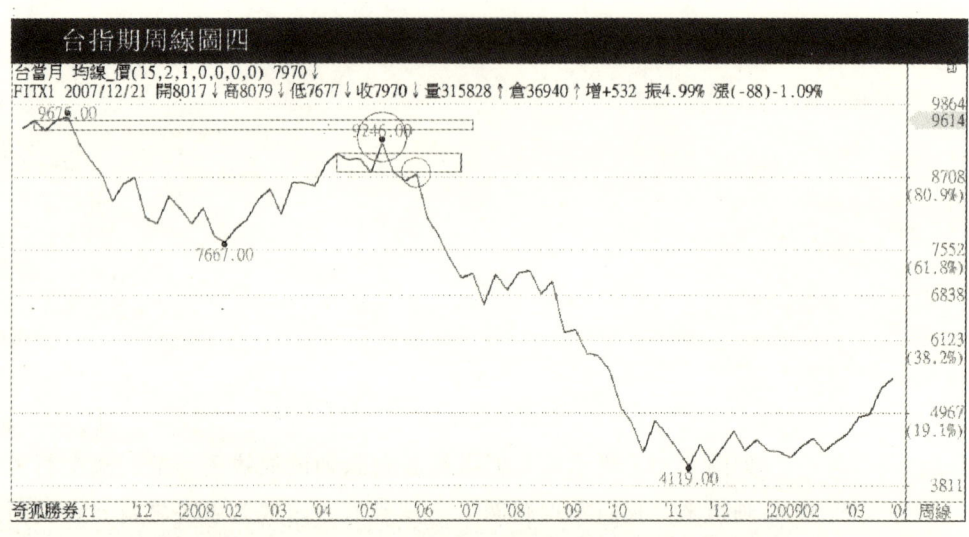

图6-48

如图6-49所示，我们看台指期日线图，我们画出其次级波动的上涨次箱顶底出来，在图中的两个圆圈处都出现破底不过底的杀多之前兆的信号，放空之后股价跌幅两千多点。

最后我们来看箱波均曾公开发表过的上证日线（图6-50）和小时线图（图6-51），我们发现出现过顶不破顶的信号，提出后面有轧空之前兆。于此作买进，最坏的情况就是后面走势不如预期，若如预期后面就是大波段行情。技术分析就是寻找胜率最大的路径，然后赚多赔少，并非要找百分之百都没有错误的圣杯。

如图6-52所示，上证日线图，我们把下跌次箱顶给画出来，发现过顶不破顶买进之后，后面真的快速往上涨幅三成的指数空间，是非常惊人的利润。

第六章
箱波均之一招锁喉擒主升

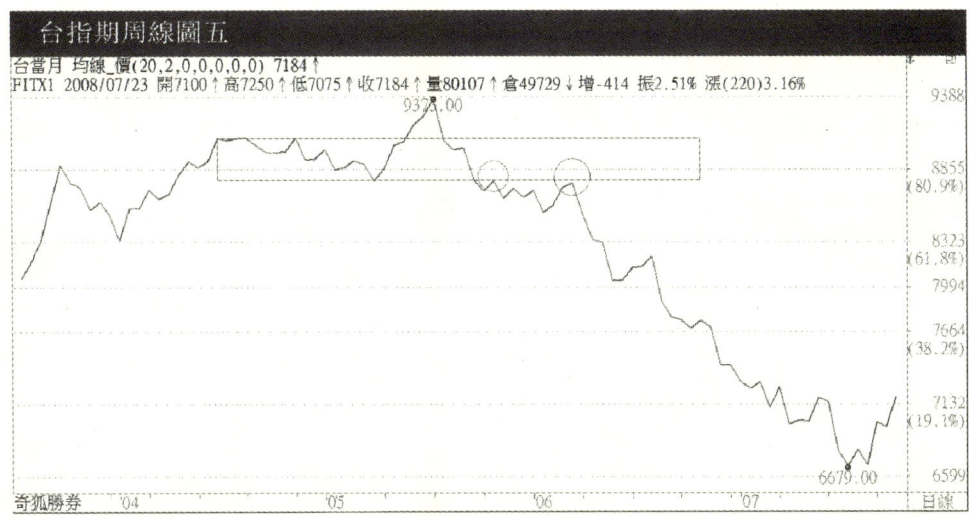

图 6-49

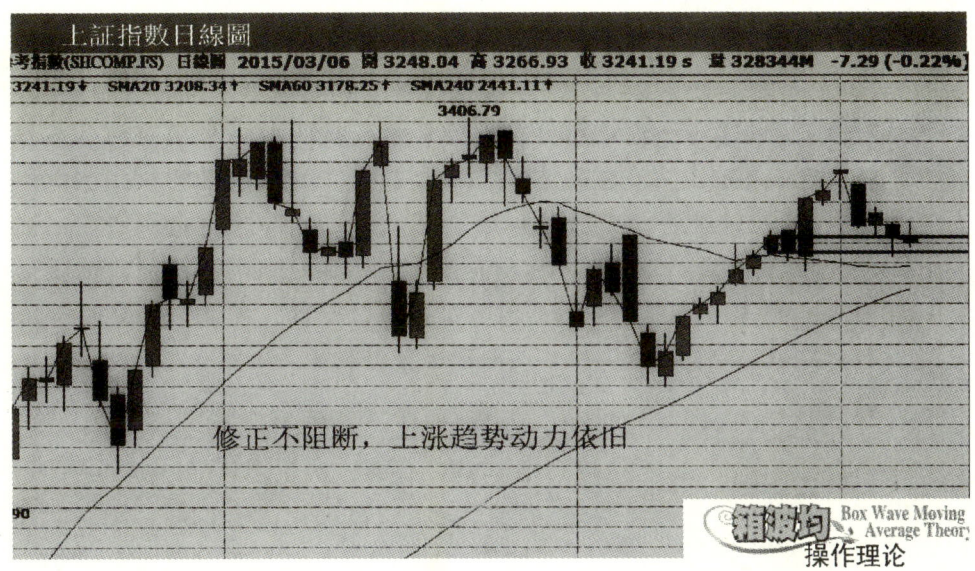

图 6-50

箱波均控盘战法

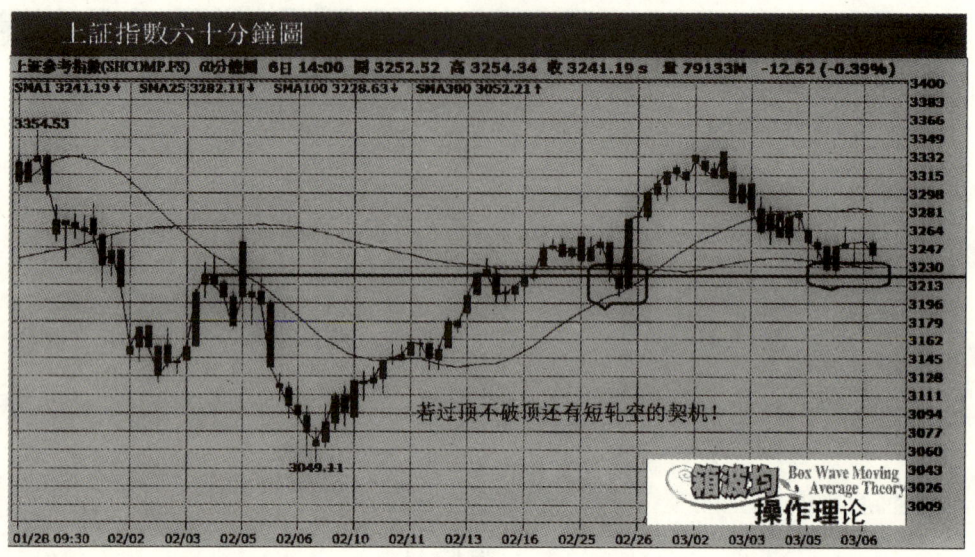

图 6-51

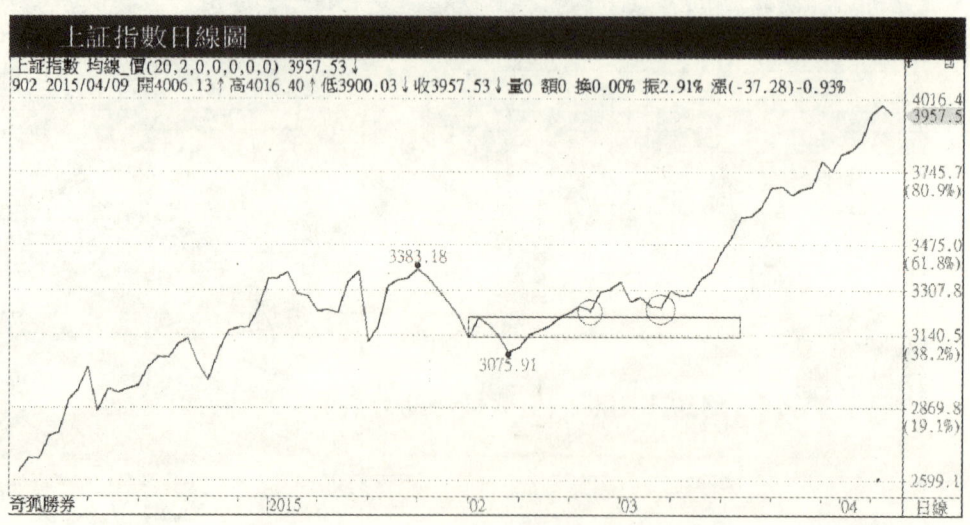

图 6-52

读者通过上面几十个范例的介绍，可以察觉，原来上涨波动被阻断的定义是非常重要的，因为知道何时上涨趋势动力结束了，同理，知道下跌波动被阻断，在符合我们的一招锁喉擒主升的招式，后面的方向除了肯定之外，经常都会出现轧空的走势几乎也是已知值了。

操作就是寻找胜率最大的路径，波动就是寻找阻力最小的路径去走，因此当最关键的阻力被瓦解了，后面利用次箱的顶底来研判多空力道的强弱，自然就知道后面的涨跌盘的机率有多少，资金该伸该缩，该增该减很自然就能决定出来。

箱波均控盘战法粉丝来信

i47jason

金融市场是个充满着诱惑迷人但又暗藏危机的地方。技术分析学了许多，书籍买了一大堆，但敢冲敢拼的赌性、杂乱无章的操作使得自己在这条路上总是跌跌撞撞的不甚顺遂，属于二八法则里的输家。以往除了套牢的股票外，持股从未超过一个星期，此次扬明光（3504）依照书本招式操作于12月19日52元进，2月2日67元出，耐心这方面我已踏出了第一步。

老师要求我们督促自己划箱、拟订作战计划，每天做这些不曾尝试过的事情使成习惯，训练自己熟悉的线型出现时才进场操作，由于是自己熟悉的线型所以胜率较高，才会立于不败之处。

诚如老师于精装书签名处的一句话"制心一处、无事不办"。期盼各位投资者皆能达此境界。使自己属于二八法则里的赢家。

箱波均之均线级数观念

波动为浪浪有箱，初箱次箱为始末；

大浪小浪全是浪，浪浪皆有大小箱。

20 均线为依止，维持一边趋势定；

忽上忽下是盘整，唯用 5 均为保护。

20 一段是我要，全看 5 均转浪否；

5 均转浪判多空，确认回撤才进出。

附 录
多空循环与买卖心法

1. 头部区如附图-1中5所示处，头部区代表上涨波动受阻之后，反弹过不了次高反弹箱顶，出现止涨缺口，最后产生逆转浪而下的情况。

2. 底部区如附图-1中2所示处，底部区代表下跌波动受阻之后，回档破不了次低回档箱底，出现止跌缺口，最后产生逆转浪而上的情况。

3. 多头中继站如附图-1中3和4所示处，多头中继站为，上涨过程中拉回修正后，再继续转浪而上，为涨势暂时休息之后再往上的情况。

4. 空头中继站如附图-1中1所示处，空头中继站为，下跌过程中反弹修正后，再继续转浪而下，为跌势暂时休息之后再往下的情况。

后面所定义的缺口的位置，有以下几种：

(1) 头部区；
(2) 下跌中继站；
(3) 底部区；
(4) 上涨中继站。

在头部区和下跌中继站出现止涨缺口，是试空单与放空的最佳时机，在底部区与上涨中继站出现止跌缺口，是试多单与买进的最佳时机，先了解多空循环图的相关位置，在结合后面章节所提及的缺口理论，与级数大小的判别，就可以知道目前所操作的段落为哪一段落了。

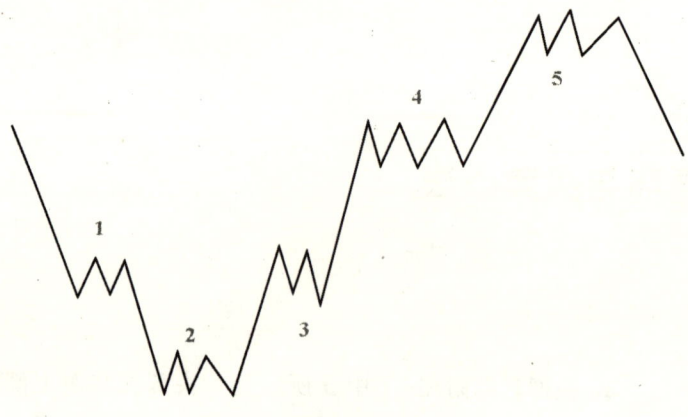

附图-1

(一) 顺势系统（加码与持有）

当向上波动持续之中，都是顺势做多，多头走势的波动为"过而不破"时买进，本书中提倡以逸待劳，因此着重于拉回不破次箱，做拉回逢低买进。

1. 在多头趋势有两种买法：

（1）该回不回的追买；

（2）拉回修正止跌的逢低买入。

当向下波动持续之中，都是顺势做空，空头走势的波动为"破而不过"时卖出，本书中提倡以逸待劳，因此着重于反弹不过次箱，做反弹逢高卖出。

2. 在空头趋势有两种卖法：

（1）该弹不弹的追空；

（2）反弹修正止涨的逢高卖出。

当上涨波动的次高回档箱底被收破之后，反弹不过次高回档箱顶，做卖出的动作，此时上涨波动力道被阻断，因此卖出之后还有充裕的时间可以观察是修正还是由多转空。若想猜最高点，经常会涨多就想放空，最后顺势波动没有赚到，还被轧空赔钱，因此不预设立场猜高点才是箱波均以逸待劳的方针。

（二）逆势系统（减码与试单）

1. 在多头趋势有两种卖法：

（1）到目标区，指标背离止涨，逢高卖出（猜高点风险高）；

（2）拉回之后，反弹无力止涨，积极卖出（阻断之后以逸待劳）。

当下跌波动的次低反弹箱顶被收过之后，回档不破次低反弹箱底，做买进的动作，此时下跌波动力道被阻断，因此买进之后还有充裕的时间可以观察是反弹还是由空转多。若想猜最低点，经常会跌多就想抢多单，最后才懊悔不要接掉下来的刀子，因此不预设立场猜低点才是箱波均的以逸待劳的方针。

2. 在空头趋势有两种买法：

（1）到目标区，指标背离止跌，逢低买入（猜低点风险高）；

（2）反弹之后，拉回有支撑止跌，积极买入（阻断之后以逸待劳）。

（三）胜率与风险利润比

（1）胜率＝买卖成功次数/总买卖次数；

（2）减少进场次数；

（3）只操作自己有把握的段落与线型；

（4）风险利润比＝进场停损费用/预定可能的利润；

（5）停损的设置与执行；

（6）要抱的住一段大行情。

胜率与风险利润比配合才能赚多赔少累积财富。

（四）操作级数的划分与重要性

通常我们的盘感都是从 K 棒红黑及 K 线形态直接反应出来。在操作中我们也都有过这样的经验：明明收过末跌高了，回档买进去，确实趋势也往上走。正想享受坐云霄飞车的滋味，怎么涨了一两根红棒就收长上影线，又跌回来了？惊慌出场之后才发现刚才所看的是 5 分 K 线。切换到小时 K 线一看，原来小时 K 棒三根红 K 上来才刚过小时 K 的末跌高，才刚做技术性的回档呢。这代表什么？这表示我们没有把长短线之脉动弄清楚，甚至搞混了。就好像明明从台北做火车要到高雄，一靠站就赶快跳下车；等车子走了才发现刚才靠站的是桃园站。

懊悔之余仔细想想，台中都还没到，台南都也还没到，我为什么那么紧张？是的，如果从台北到高雄是长线，那么把长线分成北中南来看：台北到台中、台中到台南、台南到高雄就是中线。而桃园靠站只不过是中线之内的短线震荡，中线都还没完毕呢。

如果我们明白自己要的操作级数，如果我们在 K 线图上加上适当的均线配对，以上的问题就可迎刃而解。当然一般 K 线图上都会有均线，问题是你有没有去注意它及利用它？